Collien Ulmen-Fernandes
Ich bin dann mal Mama

Collien Ulmen-Fernandes

Ich bin dann mal Mama

KÖSEL

Verlagsgruppe Random House FSC® N001967
Das für dieses Buch verwendete FSC®-zertifizierte
Classic 95 liefert Stora Enso, Finnland.

Quelle der Liste auf S. 109: *Zum Thema Sucht – Betroffene und deren Angehörige* (2004) mit freundlicher Genehmigung des österreichischen Bundesministeriums für Gesundheit.
Abbildung auf S. 144: © Privatfoto

Copyright © 2014 Kösel-Verlag, München,
in der Verlagsgruppe Random House GmbH
Umschlag: Weiss Werkstatt, München
Umschlagmotive: © shutterstock / Sagir BildNR. 116138953
© shutterstock / Igor Kovalchuk BildNR. 50768434
Herstellung & Typografie: René Fink
Druck und Bindung: GGP Media GmbH, Pößneck
Printed in Germany
ISBN 978-3-466-31012-8

Inhalt

Prolog

7

Kapitel 1: Kinderbauernhof

Über Mütterbilder und Lebenspläne

Mit Interviews

mit Eva Herman und Sonja Eismann

13

Kapitel 2: Stirnlappen

Über die Frage:

Wie funktioniert so ein Kind eigentlich?

Mit einem Interview

mit der Sprachwissenschaftlerin Tanja Rinker

47

Kapitel 3: Fressflash

Über Essgewohnheiten

Mit einem Interview mit Anne Markwardt

von Foodwatch

71

Kapitel 4: Innere Sicherheit
Über die Frage:
Wie schütze ich mein Kind vor der bösen Welt?
Mit einem Interview mit Ulla Rhan,
Beraterin im Bereich Suchtprävention
89

Kapitel 5: Start-up
Über das Babysittercasting
Mit einem Interview mit George Foreman
111

Kapitel 6: Panama
Über Kindheitserinnerungen
Mit einem Interview mit Kinderbuchautor Janosch
129

Kapitel 7: Babysitting
Über Erziehungsmethoden
Mit einem Interview mit Katia Saalfrank
147

Kapitel 8: Lichtjahre
Als Mama weit weg von zu Hause
Mit einem Interview mit Christian Ulmen
165

Dank
175

Prolog

Ich bin seit drei Tagen allein, und es ist wunderschön. Ich bin irgendwo. Ich arbeite. Ich drehe einen Film. Eigentlich egal, welcher: Ich drehe einen Film. Man achtet darauf, wie ich einen Satz ausspreche, der auf dem Papier steht. Man achtet auf meinen Blick und meine Mimik. Ich habe keinen Brei im Gesicht, sondern Schminke. Ich bekomme Aufmerksamkeit und Catering. Wenn es regnet, hat wer einen Schirm. Dass es regnet, sagt mir jemand, der einen Laptop hat. Kaffee steht bereit und Dispositionen. Das sind Listen, auf denen steht, wo wir sind, welche Witterung herrscht, wie die Handynummer der Maskenbildnerin ist, wann wir welche Szene beginnen und wann sie endet, wann der Sonnenaufgang kommt, wann der Tag enden wird und wo das nächste Krankenhaus ist.

Ich bin zurück und disponiert. Es hat mir gefehlt, ein Teilchen in einer Wertschöpfungskette zu sein. Ein Rad in irgendeiner Maschine. Ich freue mich auf die Arbeit und die Ergebnisse, ich freue mich auf das Ende jeden Drehtags, weil ich dann Schlaf und Ruhe bekomme, weil alles eine Klammer hat.

Jemand am Set fragt mich, was sich verändert hat, seit ich Mutter geworden bin.

Es ist eine Frage, die mich ratlos macht. Nicht, weil mir nichts einfiele, was sich verändert hat. Sondern weil ich nicht weiß, wo ich anfangen soll. Natürlich hat sich alles verändert. Eigentlich sollte die Frage heißen, ob irgendetwas so geblieben ist, wie es vorher war. Ob irgendetwas korrekt disponiert ist. Einen Sonnenaufgang und einen Sonnenuntergang hat. Die Antwort lautet: Nein. Ich bin mittendrin im härtesten Job meines Lebens. Er hat gerade erst angefangen, und schon habe ich mehr davon zu erzählen als von jedem Dreh. Ich habe Schmerzen gehabt und Nervenzusammenbrüche. Klar will ich davon erzählen. Wie Opa von Stalingrad.

Es passiert nichts, alles geht ganz langsam, und trotzdem war letzte Woche alles anders. Es kommen jetzt Zähne bei meiner Tochter. Ich habe Sommerklamotten gekauft. Ich habe keinen Schlafrhythmus mehr und kann oft nicht sagen, welcher Wochentag gerade ist. Ich habe manchmal Angst um meinen Körper und manchmal Angst, zu zerspringen, weil ich etwas winzig Kleines so wundervoll finde. Die Tage rauschen vorbei. Die Dramaturgien sind willkürlich, alleiniger Urheber ist meine Tochter oder das, was sich in ihr, an ihr oder durch sie entwickelt: Mein Leben wird diktiert von einem winzigen Magen und einem winzigen Gehirn.

Ich habe nichts Spektakuläres getan. Nur das, was das Überleben der Menschheit sichert und oft die Scheidung. Was für die Weitergabe meines Genhaufens sorgt und die Überforderung meines Nervenkostüms. Natürlich hat sich alles verändert. Aber wenn ich zurückdenke und mir vorstelle, was vorher war, komme ich nicht weit. Meine Vorstellungskraft versiegt. Es ist wie ein Blackout. Ich habe vorher nicht gelebt. Ich kann nur zurückdenken an eine Ente. Ich habe sie eine Woche vor der Geburt meiner Tochter gekauft. Sie hat noch ein Auge, ihr Schnabel ist zerrissen. Man kann den Finger reinstecken und mit ihr Geschichten erzählen. Sie ist farblos und zerrupft. Sie wird abgeleckt und zerdrückt.

Man nimmt sie überall hin mit, ohne sie würde die Welt und das Universum untergehen. Sie könnte ich sein.

Kapitel 1

Kinderbauernhof

Muttersein ist ein Engel und ein Terrorist, ein Sonnenaufgang und eine Flasche Schnaps, Eiskunstlauf und Warcraft, Arbeitslager, Frühling und Kacke an der Hand.

Wenn ich ein paar Stunden von meiner Tochter weg bin, fühle ich mich wie ein Heroinabhängiger auf Entzug. Wenn sie mir den Schlaf raubt, weil sie alle drei Stunden aufwacht und Durst hat, fühle ich mich so kaputt, wie Leutheusser-Schnarrenberger aussieht.

Meine Tochter schnarcht, während ich neben ihr sitze und das Morgenmagazin gucke. Der arabische Frühling ist in der Türkei angekommen und ich habe Pampers Baby-Dry gekauft. Ich habe mich nie mit der sogenannten Rolle der Frau auseinandergesetzt. Aber, natürlich, in der Türkei machen sie eine Revolution, auch die Frauen, sie laufen mit Smartphones durch den Abend in Istanbul, halten Pyrotechnik und Bier in der Hand und ich kaufe Pampers Baby-Dry.

Manchmal wacht meine Tochter kurz auf und will trinken, ich gebe ihr zu trinken, und dann schließen sich die Lider ein Stück, bleiben aber noch einen Spalt auf, das kann heißen, dass sie jetzt nicht wieder einschläft, aber sie muss einschlafen, also drehe ich den Fernseher auf maximale Lautstärke, bis er scheppert, davon schläft meine Tochter ein.

Manchmal wacht sie auf, sagt »Diba«. Ich sage, hör mal, Diba ist eine Bank, hast du das aus der Werbung? Aber Diba ist für mein Kind die Sonne, und mein Kind sieht die Sonnenstrahlen durch die Fensterscheibe, den vorbeifahrenden Bus.

Ich merke, dass die letzten Wochen nur so eine Art Simulation waren und dass ich langsam ankomme in meinem neuen Job als Mama. Ich vergleiche zum Beispiel dauernd.

Ein guter Ort zum Vergleichen ist ein Kinderbauernhof in der Stadt, zu dem ich manchmal fahre. Das sind fünf von Kindern zusammengezimmerte, windschiefe Holzhütten auf einem lehmigen Boden. In einer der Hütten lungern altersschwache Ziegen rum, unter einem abgerissenen Basketballkorb, dazwischen stolzieren Hähne, in symmetrischen nordkoreanischen Formationen marschieren gut gebriefte Kita-Kinder durch den Lehm und pflücken Gras für die Hospiz-Ziegen, es gibt Hängebauchschweine, Muffins, Paninis, Obstteller und grünen Tee, und es wird getöpfert. Ich laufe dazwischen herum, meine Tochter schläft auf meinem Arm und ich vergleiche.

Immer gut kommen Kinder mit Sprachfehlern oder Kinder, die grammatikalische Fehler machen, obwohl sie schon wahnsinnig alt sind. Oder Kinder, die auf einem Ohr nur 70% hören wegen der Paukenergüsse und die jetzt sogenannte Paukenröhrchen einoperiert bekommen sollen. Angenehm sind auch Schielkinder. Diese armen Tropfe mit dem Brillenmodell von Harry Potter, auf dem ein Glas abgeklebt ist mit einer lustigen Piraten-Folie, die sich dann ungelenk durch den Lehm bewegen und nicht dreidimensional sehen können; die sich dann mit dem Anorak im Ziegenmaschendraht verfangen und nach ihrer Mutter rufen. Es ist furchtbar, aber ich vergleiche Schielkinder mit meiner Tochter, und ich sehe dann, wie herrlich schnurgeradeaus sie gucken kann und dass sie problemlos Pilot oder Chirurg werden kann.

Die Schielkind-Mutter kommt dann durch den Lehm gestapft und hat zwei Probleme auf einmal: Dass sich ihr Schielkind im Ziegenzaun verheddert hat und dass ihr anderes Kind, ein Mädchen mit einem Schafskäse-Panini in der Hand, mal kacken muss. Die zwei Arme der Mutter müssen jetzt ausreichen, um den Schieler aus dem Zaun zu fummeln, die herannahende Ziege abzuwehren, deren Maul sich dem Brillenglas mit der Piratenfolie nähert, das Schielkind mit einem Streicheln zu trösten, seine Tränen mit einem Taschentuch abzuwischen, Dreckspuren von ihm zu entfernen, seine Hand zu nehmen, das Panini ihrer Tochter waagerecht bis zur Toilette zu balancieren, ihre Tochter auszuziehen, die Klobrille von den Pisseresten und Amaranthriegelstückchen zu reinigen, das Mädchen festzuhalten, damit es während des Pinkelns nicht in den für Kindergesäße zu breit bemessenen Abstand zwischen den Klobrillenseiten fällt und in der Kanalisation verschwindet, und gleichzeitig nicht über Kinderschaufeln, Erstkrabbler, Basketbälle, Matchboxautos, Küken in der Hühner-Auslaufzeit oder Bio-Äpfel zu stolpern, dabei nicht frustriert auszusehen und vor allem: Bloß nicht zu denken, dass es eigentlich gar nicht so schlecht wäre, wenn die Klobrillen noch weiter auseinander wären und das Kind und das Panini darin versinken würden.

Es ist toll, das alles mit mir zu vergleichen, denn meine Tochter schläft im Kinderwagen. Sie schläft sowieso immer, sobald was los ist, sobald ich das Autoradio laut aufdrehe. Je stressiger das Surrounding, desto besser schläft meine Tochter. Sie schläft ein, wenn ich schreie, sie schläft ein, wenn in der Nachbarschaft gebaut wird und wenn Kiss FM läuft.

Ich kenne mittlerweile das komplette Sendeschema von Kiss FM auswendig, weil meine Tochter darauf am besten reagiert. Je prolliger, desto besser. Lil Wayne ist für sie wie ein Sedativum. Ich kenne auch die aktuellen Songs von David Guetta, Bushido und Kid Ink. Nachrichten höre ich aus dem Kiss Tower, wie etwa das aktuelle Gewicht von Miley Cyrus. Wenn meine Tochter mal kurz schreit, mache ich ihr ein Fläschchen und wir hören Basty am Nachmittag.

Ich vergleiche die Schreizeiten meiner Tochter mit denen anderer Kinder und bin happy. Wenn wir auf dem Kinderbauernhof ankommen, liegt vor uns das akustische Flammenmeer. Draußen vor dem Holztörchen schreit ein Junge, weil sein DS-Akku leer ist. Am Holztörchen schreit ein Baby, weil seine waschbare Windel voll ist. Am Basketballkorb schreit ein im Lehm steckendes muslimisches Kleinkind. Ich vergleiche die Zahl der Kinder der muslimischen Mutter, sieben, mit der Zahl meiner Kinder, eins, und bin erleichtert und froh wie nach einer Nachmittagstalkshow.

Ich bin erleichtert über alles, was ich von meinem alten Leben ohne Kind ins neue mit Kind retten kann, jede Stunde mit den »Tagesthemen«, mit »Friends« oder meinem Mann. Aber trotzdem verändert sich was, in Sprüngen, die ich immer erst nachher verstehe.

Die Lichter und die Geräusche bekommen Bedeutung, die Geräte und die Gerüche, die Tages- und die Nachtzeiten, alles bekommt jetzt neue Konturen, neue Namen, neu zugeordnete Schmerzzonen im Körper, und ich übernehme die Namen meines Kindes für Dinge, ich denke, aus Versehen, draußen geht Diba auf. Ich sehe meine Tochter an, und ihre Stirn glänzt, ich bekomme Angst, vor allem und jedem, weil es jetzt bei jeder potentiellen Gefahr nicht mehr nur um meinen Arsch geht, sondern auch um den Arsch meiner Tochter.

Baby zieht Beine an, Kopf wird rot, Baby hört nicht auf zu weinen: Blähungen. Blaurote Hautschwellung, Größe einer Kinderfaust: Furunkel. Hohes Fieber, Husten, Müdigkeit, Appetitlosigkeit, Halsschmerzen, Schnupfen, Durchfall, Erbrechen: Schweinegrippe. Mein Horizont geht jetzt bis zum Fenster, wo Diba aufgeht. Ich weiß nicht, ob das gut oder schlecht ist, es ist anstrengend und interessant, und es hat natürlich nichts mit dem zu tun, was ich mir so vorgestellt habe. Ich google Kinderkrankheiten und frage mich dann, ob mein panischer Blick meine Tochter anfixt, jedenfalls guckt sie jetzt auch panisch, also google ich: Kriegt mein Kind Angst, wenn ich Angst kriege? Ich google: Soll ich Kinderkrankheiten googlen oder nicht?

Ich schwitze beim Herumtragen des Kindes. Ich bin ratlos beim kleinsten Anzeichen von Gefahr, ich bin kreativ beim Erfinden von magischen Figuren, ich schufte, ich entwickle Konzepte, ich bin in all diesen Momenten von Beruf Mutter, so komisch der Satz klingt, so rechtfertigend er irgendwie klingt.

Ich war mir sehr lange sicher, dass ich gar keine Mutter werden wollte. Das war ja kein Beruf. Ich fand eher, es war ein Geruch. Mütter rochen nach Weleda-Calendula, nach dem Essen von heute Mittag, nach den schweren Einkaufstüten vom Biomarkt. Mütter rackern sich was ab. Marge

Simpson liegt mit ihren hübsch gemachten blauen Haaren neben Homer und der schläft, ohne mit der Wimper zu zucken, ein, ihre Tochter ist eine unerträgliche Klugscheißerin, ihr Sohn ist ein pubertäres Arschloch, das nur Probleme macht. Hoffnung hat nicht mehr so viel mit Weltrevolution zu tun, sondern mit Pancakes. Ich wartete auf die Folge, in der Marge Simpson ein Littleton-Massaker begeht aus Frust über ihren Job.

Ich wollte Langstreckenläuferin werden, Ballerina, Theatersouffleuse, Tierärztin, Hausmeisterin, Apothekerin und Soldatin. Ich wollte riesengroß werden, schön, verständnisvoll, friedliebend, reich, ich wollte viele Schuhe haben und viele Freunde, mich mit Weltpolitik und Fremdsprachen und Filmen auskennen. Ich wollte UNO-Generalsekretärin werden oder Meg Ryan. Ich wollte auf keinen Fall so werden wie die Mütter, die erzählten, dass sie jetzt in erster Linie Mütter seien, sich aber nebenbei »nach Kräften« in der Somalia-Hilfe engagierten. Die Somalia-Hilfe war eine Einrichtung in meiner Nachbarschaft, in der die Hälfte der Mütter meiner Mitschülerinnen nebenbei halfen. Sie unterhielten ein Läd-chen mit Produktchen, jeder machte da mal ein Schichtchen, trank unter dem Ladentisch ökologisch angebauten Rosé, es gab Bazare mit selbstgezogenen Wachskerzen, und die Mütter unterhielten sich so lange über die Dritte Welt, bis ihre Kinder wegen irgendwas dazwischenblökten. Ich wollte auf keinen Fall werden wie sie, ich wollte in einem Hubschrauber in Mogadischu landen, Verhandlungen mit Geiselnehmern führen und in der *Vanity Fair* stehen – nicht in einem Lädchen sitzen und auch keine Baby-Scheiße wegwischen.

Als Kind half ich manchmal einer Mutter in unserer Nachbarschaft bei der Kinderbetreuung. Ich bekam fünf D-Mark die Stunde und habe mich nach jeder einzelnen gefragt, ob fünf D-Mark *das* wert waren: Ich musste Windeleimer raus in den Hof zur Mülltonne bringen und dabei jedes Mal kotzen, ich musste die vollgemachten Hosen eines Vierjährigen namens Marvin mit den Händen auswaschen. Statt »Pinkeln« sagte man in dieser Familie »Pullern«, das gab dem Ganzen einen noch viel schlimmeren Geruch. Der-und-der hat eingepullert, als sei das ein Murmelspiel, mir wurde schlecht von den nassen warmen Hosen und dem Wort. Ich musste verklumpten Milchreis mit Löffelstielen aus den Kindernäpfen kratzen, während sie mich mit Schaummatten bewarfen. Ich musste beim Essen auf einem Kinderstuhl sitzen, der mir ungefähr bis zum Knie ging. Unter dem Tisch faltete ich meine Beine, an den Socken sammelten sich Hirsereste und Spielknete. Wenn ich danach mit meinem Fahrrad nach Hause fuhr, hatte ich eine Frustkruste auf der Haut und musste duschen. Es war Guantanamo mit Fingerfarben. Der Lärmpegel betrug 113 Dezibel. Meine Haut pellte sich. Ich schlief schlecht. Ich wurde depressiv. Es war wie ein Praktikum in der grauenvollen Disziplin, Dinge über sich ergehen zu lassen.

Die Mütter aus der Somalia-Hilfe bastelten viel, studierten tagelang Kinderkochbücher, um das beste Rezept für kalter Hund rauszufinden. Kalten Hund musste man zwölf Stunden über Nacht im Kühlschrank lagern, damit er am nächsten Tag perfekt war. Das allein fand ich wahnsinnig: dass man zwei Tage Planung für einen kalten Hund machen konnte. Ich wollte diesen ganzen Geruch nicht, ich wollte nach Hermès Amazone riechen und meine Arme für mich behalten, statt dass jemand an ihnen rumzieht und in eine andere Richtung will.

Ich habe Ursula von der Leyen lange für eine Hochstaplerin gehalten, weil ich mir nicht vorstellen konnte, wie man sich um zwei Söhne, fünf Töchter, einen demenzkranken Vater und ein Ministerium kümmern kann.

Es gab viele Mütter, die ich bemitleidet habe. Mütter von aufmüpfigen, anstrengenden Kindern. Mütter von kranken Kindern. Mütter von behinderten Kindern. Mütter, an denen Mittagessen klebte. Mütter, deren Kinder in aller Öffentlichkeit Blähungen haben. Mütter, deren Kinder gerade das Wort Fotze gelernt haben. Mütter mit typischem sackartigem Mütter-Gewand. Mütter-Körper. Angelina Jolie ist die Gala. Somalia-Hilfe war die Realität.

Vor mir und meinem gnadenlosen Coolness-Barometer, das man sich irgendwann mit 13 oder 14 einpflanzt und das natürlich auch mit Pop und Competition und H&M-Werbung zu tun hat, schmierten Mütter voll ab. Und natürlich tat ich ihnen Unrecht. Aber es ging ja nicht um Gerechtigkeit. Im Gegenteil. Es ging ja darum, möglichst arschlochhaft herauszufinden, welche Ziele man so erreichen will. Ein Kind zu bekommen, war kein Ziel. Jemand, der das mit Anfang 20 sagte, war für mich Zeuge Jehovas. Junge Eltern habe ich besonders bemitleidet. Sie verpassten es, mit 25 allein und mit eigener Bankkarte auszugehen. Sie rutschten von der Phase, in der sie beim Einlass in der Disco ihren Ausweis zeigen mussten, in die Phase, in der man ihnen mitleidsvoll in der Straßenbahn den Kinderwagen durch die Tür hievt. Sie übersprangen die Rihanna-Phase. Sie waren nie Mitte 20 und entspannt und in der Lage, sich zwischen mehreren Studiengängen, mehreren Kontinenten, mehreren Urlaubszielen, mehreren Autos und mehreren Männern zu entscheiden.

Alle Versuche von CDU-CSU-Politikern, Statistikern, Leuten, die um die demographische Entwicklung besorgt waren, doch jetzt bitte mehr Kinder zu zeugen, ließen mir einen kalten Schauer den Rücken herunterlaufen. Sie erinnerten mich an mein Nummer-Eins-Grusel-Thema Lebensborn.

Im Geschichtsbuch gab es eine Seite über Lebensborn. Ich las sie ein paar Mal. Immer wenn mir langweilig war, guckte ich mir gruseliges Zeug an: Christiane F, Aktenzeichen XY oder die schlimmsten Geschichten über Nazis. Auf einem Foto sah man ein Landheim der Aktion Lebensborn, davor eine Frau, die zwei verhüllte Kinderwägen vor sich schob. In den Heimen sollte die Geburtenrate der »nordischen Rasse« gesteigert, der »Adel der Zukunft« herangezogen werden. Frauen mit einwandfreiem Rasse-Hintergrund sollten hier ihre Kinder bekommen, statt abzutreiben. Aufgenommen wurden »werdende Mütter germanischen Blutes«. Häuser, in denen Kinder gezüchtet wurden, Appelle, die zu mehr Kinder-Output aufriefen, Mädels, die zu Müttern werden sollten. Das war natürlich der ganz extreme Nazi-Scheiß, aber es blieb bei mir hängen. Immer wenn Politiker das große Lob auf die Mutter anstießen, mit dem Hintergedanken, die Mütterzahl, die Kinderzahl, die Beitragszahlerzahl zu erhöhen, wurde mir auch viele Jahre später noch flau.

Wenn man ein Kind bekommt, dachte ich, geht das die Gesellschaft erst mal gar nichts an, man nennt ja sein Baby nicht Beitragszahler. Es nervte mich, wenn die Parteien sich gegenseitig vorwarfen, nicht genug Kindergeld, Elterngeld, was auch immer auszuschütten, als sei das ganz ernsthaft ein Anreiz, miteinander zu schlafen und Kinder zu bekommen, oder als würde man sich, bevor man eins will, erst mal ganz genau durchrechnen, ob es 164 oder 184 Euro im Monat dafür gibt.

Ich wollte ja sowieso nicht durchrechnen, was ein Kind kostet, sondern erst mal leben und dann irgendwann weitersehen und auf keinen Fall jemals kalter Hund backen.

Eine von denen, die eher im Hubschrauber über Mogadischu saßen und nach Hermès Amazone rochen, als kalter Hund zu kochen, war Eva Herman. Ich mochte sie. Sie kam jeden Abend um 20 Uhr und las die Tagesschau-Abendnachrichten vor, und ihr Lächeln wirkte auf eine angenehme Art überheblich, und ich fragte beim Friseur, wie man so blond werden kann wie Eva Herman. Irgendwann kam sie mit einem Buch raus, in dem sie sich ausführlich mit der Rolle von Männern und Frauen in unserer Gesellschaft beschäftigte. Mir war im gleichen Moment klar, dass jetzt was Komisches kommen würde.

Als ich die Kerner-Sendung mit ihr sah, kriegte ich kaum Luft vor Mitleid. Sie hatte sich in die Scheiße geredet, weil sie den 68ern vorwarf, alle wichtigen Werte zertrümmert zu haben. Dabei waren die 68er-Frauen längst größtenteils als Großmütter in der Bio Company angekommen und kauften ihren Enkelkindern Möhrensafttrinkpäckchen. Herman sagte einen sehr rätselhaften Satz über die Familienpolitik der Nazis, und wie bei mir klingelten bei den meisten normal gebildeten, normal liberalen Tagesschau-Guckern und Leuten wie Hermans Chef, Volker Herres, die Alarmglocken. Obwohl ich es immer blöd finde, wenn bei allen die Alarmglocken gleichzeitig klingeln, war ich bestürzt und ratlos, wie sie da hingekommen war.

Dann kam Kerner, der auch mal Courage zeigen wollte und sie aus seiner Sendung warf, und Eva Herman wurde neben furzenden Katzen zum YouTube-Hit. Man hörte lange nichts von ihr. Die *Bild* schrieb irgendwas über Privatinsolvenz wegen Immobilienspekulationen, die NPD war ganz begeistert von ihr und sie kam zu einem Verlag, der Bücher über Ufos herausbringt und über Leute, denen zu Überwachungszwecken Mikrochips ins Hirn gepflanzt werden. Sie schrieb etwas über die Opfer der Loveparade in Duisburg, was man in die Richtung deuten konnte, dass sie die Opfer einer göttlichen Strafe gewesen wären. Eva Herman war ganz unten angekommen.

Sie war Märtyrerin für ein Mutterbild geworden, das im größtmöglichen Kontrast zu meinem stand. Grund genug, mich mit ihr darüber zu unterhalten.

Guten Tag, Frau Herman. Was ist eine gute Mutter?
Da der Begriff Mutter eine bestimmte Aufgabe beinhaltet, sollte eine gute Mutter dementsprechend die natürlichen Bedürfnisse ihrer Kinder möglichst erkennen und zu erfüllen suchen.

Wann merkt man, dass man eine gute Mutter ist?
Es gibt Momente, da hat man als Mutter das Gefühl, etwas richtig gemacht zu haben. Das erhebt allerdings

keinen Anspruch auf allzeitige Gemeingültigkeit. An anderen Tagen leidet man dann unter dem Gefühl, es wohl nie zu lernen.

Welche Eigenschaften muss eine gute Mutter mitbringen?
Verständnis, Konsequenz, Liebe.

War Ihre Mutter eine gute Mutter?
Ja.

Gibt es einen Moment mit Ihrer Mutter, an den Sie sich zurückerinnern?
Es war im Februar 2008: Meine Mutter legte sich nach einer ärztlichen Diagnose, die ihr nur noch wenige Tage zum Leben ließ, ins Bett, schloss die Augen und redete nicht mehr, bis sie heimging. Ich hatte mir ein Bett daneben gestellt, hielt Tag und Nacht ihre Hand und redete mitunter ziemlich viel. Als ich mich nach vier Tagen ihres Schweigens eines Nachts für viele unwichtige Streitereien bei ihr entschuldigt hatte und ihr sagte, dass ich sie von Herzen liebhätte, öffnete sie für einen Moment die Augen. Der Vollmond schien ihr direkt in das Gesicht, als eine Träne ihre Wange herunterlief.
Sie sagte: »Danke, lieber Gott, dass sie das gesagt hat.«
Es waren ihre letzten Worte.

Wonach hat Ihre Mutter gerochen?
Meistens nach Maiglöckchen.

Warum haben Sie nur ein Kind?
Eigentlich hätte ich mindestens drei Kinder haben wollen.
Mir kam dann die Karriere versehentlich dazwischen.

Wie viele Kinder soll man haben?
Es gibt kein »soll«. Manche Menschen sind glücklich
ohne Kinder, manche möchten nur eins oder zwei,
andere wünschen sich eine ganze Fußballmannschaft.

Wer war Ihr Vater?
Ein ehemaliger Soldat einer Fliegerstaffel im Zweiten
Weltkrieg. Er starb an den Folgen seiner Kriegsverletzun-
gen, als ich sechs Jahre alt war. Meine Erinnerung an ihn
ist leider nur vage.

*Sie haben sinngemäß dafür plädiert, dass der Vater
der starke, beschützende Part sein soll.*
*Liegt das auch daran, dass Sie als Kind den starken,
beschützenden Part vermisst haben?*
Ich bin keine Psychologin, aber dass mir mein Vater fehlte,
stimmt sicher. Doch ist es keine Erfindung von mir,
sondern selbstverständliche Regel in der Natur, dass die
männlichen Vertreter, ob bei Mensch oder Tier, in aller
Regel (Ausnahmen bestätigen diese natürlich) kräftiger
und stärker gewachsen sind. Ein dienlicher Hinweis dafür,
dass im Ernstfall der Mann die Sippe besser zu beschützen
in der Lage ist als die meist zierlichere Frau, oder?
Stellen Sie sich nur vor, Vater, Mutter und Kinder liegen
abends im Bett. Plötzlich, mitten in der Nacht, hört man
einen Knall und Glas splittern, offenbar ein Einbruch. Da

möchte ich gerne die Frau sehen, die sagt: »Schatz, bleib liegen, ich regel das schon«.

Wenn ich Bock habe, der starke Part zu sein, und mein Mann gern mal die Mutter ist, geht das?
Natürlich, warum nicht?

Warum gibt es auf der Welt Matriarchat?
Bei den genannten und auch anderen Völkern geht es im Matriarchat um ganz bestimmte Aufgaben, die vornehmlich mit Religion und Kulten zu tun haben. Hier nimmt die Frau eine herausragende Stellung ein, vor allem als Priesterin, Seherin.

Was, wenn der Vater nicht der beschützende Part sein kann wie bei Charlie und Louise oder bei Adolf Hitler? Oder bei Ihnen?
Jeder muss auf seine Art damit fertigwerden, da gibt es keine Lehrbuchantwort. Manche Menschen fühlen sich dadurch unsicher, andere als Opfer, wieder andere spüren manchmal eine Leere. Das letzte Gefühl kenne ich auch. Deswegen werde ich meiner Mutter immer dankbar dafür sein, dass sie häufig abends, wenn die Sterne am Himmel funkelten, hinaufzeigte und sagte: »Der hellste und schönste Stern, das ist euer Vater. Er passt immer auf euch auf.« Und so fühlte ich mich dann doch irgendwie von ihm beschützt.

Haben Sie irgendetwas vermisst als Kind?
Ja, meine Mutter. Wir hatten ein kleines Hotel und sie

musste viel arbeiten. Manchmal war sie ganz nah und
doch so fern, wir spielten in einem Zimmer nebenan und
durften nicht zu ihr. Dabei waren wir nur durch den Haus-
flur von ihr getrennt.

*Wie sah der Ort aus, an den Sie sich als Kind
gewünscht haben?*
Es war das Paradies im Himmel mit vielen kristallweißen
Wolken und schönen Engeln. Und himmlischen Tönen
und herrlichen Farben.

*Wie sieht der Ort aus, an den Sie sich jetzt wünschen
würden?*
Ich bin da, wo ich hin will.

In welches Jahr würden Sie sich gern wünschen?
Es ist gut, in dieser Zeit jetzt zu leben. Wir befinden uns in
einer entscheidenden Phase: Alles oder nichts.

Haben Sie einen »Mutterkreuzzug« geführt?
Nein.

*Angenommen, wir beiden würden einen Mutterkreuzzug
führen, wohin würden wir gehen?*
Der Begriff Mutterkreuzzug ist durch und durch negativ,
weswegen ich mit Ihnen einen solchen Plan nicht fassen
würde: Sowohl das Mutterkreuz der Nazizeit ist eine
perfide Einrichtung gewesen, um die Geburtenrate zu
erhöhen, als auch die Kreuzzüge im Mittelalter nichts als
Leid und Elend gebracht haben. Der Begriff Mutterkreuz-

zug existiert im Übrigen überhaupt nicht, sondern es handelt sich um die dümmliche Erfindung eines ehemaligen NDR-Chefs namens Volker Herres, der sich offenbar für besonders schlau hielt, als er mir diesen öffentlich zu unterstellen suchte und mich wegen »meines Mutterkreuzzuges« schließlich fristlos kündigte.

Was würden wir auf unsere Papptafeln schreiben?
Würde ich eine Aktion mit Ihnen machen, die wir anders nennen würden, dann würde auf den Papptafeln stehen: Fragt die Kinder!

Hat eigentlich keiner so richtig kapiert,
was Sie wollten?
Doch, viele haben verstanden, was ich sagte. Zehntausende haben es auch nachgelesen in meinen Büchern. Viele von ihnen waren empört oder traurig über das, was von den Medien daraus gemacht wurde. Diese Menschen hatten in der öffentlichen Berichterstattung allerdings kein Stimmrecht.

Was wollten Sie?
Dasselbe wie heute: Ich möchte, dass die Arbeit der Mütter zu Hause sowohl gesellschaftlich als auch finanziell anerkannt wird. Der US-Wirtschafts-Nobelpreisträger Gary Becker errechnete, dass die Arbeit einer jeden Hausfrau und Mutter im Bruttosozialprodukt einen Posten von umgerechnet etwa 150 000 Dollar pro Jahr ausmacht. Kann man das wirklich guten Gewissens einfach vom Tisch fegen? Genau das tun wir aber! Ferner wünsche ich

mir, dass alle Frauen selbst entscheiden können, ob sie in den ersten Jahren oder auch länger bei ihren Kindern zu Hause bleiben können, ohne dafür gesellschaftlich diskriminiert zu werden und am Ende arm wie eine Kirchenmaus dazustehen. Vor allem aber sollen die Bedürfnisse unserer Kinder nach Nähe und Zuwendung von Mutter und Vater erfüllt werden können, wie es in der Natur vorgesehen ist. Jede Löwin beißt alles nieder, was sich nur in die Nähe ihrer Jungen wagt, aber wir geben unsere kleinen Kinder einfach in fremde Hände, weil es das System jetzt so vorsieht. Das allmorgendliche berühmte schlechte Gewissen dabei ist in Wahrheit unser Herz, das sich meldet, und das trauert, ebenso wie die kleinen Kinder unter drei Jahren darunter leiden. Dafür interessiert sich heute leider kaum jemand, schon gar nicht die führenden Apparatschiks.

Verbieten oder nicht: Homo-Ehe?
Eine schwere Frage. Mit meinen schwulen Freunden diskutier ich dies derzeit häufiger. Die meisten von ihnen wissen selbst nicht genau, wie sie sich dazu positionieren sollen.

Verbieten oder nicht: Killerspiele?
Dann müsste auch jeder Krieg verboten werden, was ich sofort unterstützen würde.

Hilft Gott beim Erziehen?
Selbstverständlich.

Ihr Eva-Prinzip, wie genau geht das noch mal?
Zusammenfassung: Wir Frauen sollten nicht weiter vermännlichen, indem wir mit den Männern konkurrieren. Wir haben eigene Stärken, die unsere Weiblichkeit ausmachen. Diese sollten wir wieder lieben und einsetzen lernen: ein wunderschönes, riesiges Gebiet. Die Männer müssen wir respektieren lernen, so, wie sie sind, und sie müssen uns als Frauen und nicht nur als gute Kumpels akzeptieren lernen. Wir sollten nicht gegeneinander, sondern miteinander leben. Der Feminismus hat schwere Irritationen zwischen die Geschlechter gesät.

Die Arbeit als Hausfrau und Mutter muss gleichrangig bewertet werden wie die Arbeit im Beruf. Wahlfreiheit für alle Mütter heißt: Wer sein Kind (wir reden hier immer über Kleinkinder unter drei Jahren) in die Krippe geben will, der soll es tun. Wer zu Hause bleiben möchte, sollte das Geld bekommen, das ein Krippenplatz den Staat kostet: zwischen 1200 und 2000 Euro! Dann ist es wahre Wahlfreiheit. Bislang gehen diese Mütter leer aus, während sie den ohnehin dünngesäten Nachwuchs unserer Gesellschaft heranziehen.

Und: Kleine Kinder haben Grundbedürfnisse, die erfüllt werden sollten. Dazu gehört u. a. die Anwesenheit der Mutter und des Vaters. Das Mindeste ist, dass jeder zuständige Politiker die Bindungsforschung kennen muss und seine weitreichenden Entscheidungen danach richtet. Alles andere ist verantwortungslos und wird sich eines Tages schwer rächen.

Könnte ich auch eine gute Mutter sein, wenn ich einen Penis hätte, also wenn ich ein Transsexueller wäre, Karl-Collien Ulmen-Fernandes?

Das weiß ich wirklich nicht.

Ist Patrick Lindner eine gute Mutter?

Patrick Lindner als Mutter zu bezeichnen, entbehrt einer gewissen Komik nicht. Wenn Sie meinen, ob er sich gut um sein Adoptivkind kümmert, so weiß ich es nicht. Ich kenne Patrick Lindner aus dem Showgeschäft und mag ihn als Mensch. Wie er familiär ist, vermag ich nicht zu sagen.

Hatten Sie schon mal einen Traum, in dem Alice Schwarzer vorkam?

Ja, tatsächlich. Es ist einige Jahre her. Sie weinte bitterlich, und ich nahm sie in die Arme und tröstete sie. Sie tat mir sehr leid, mein Mitgefühl für sie in dem Traum war stark. Sie sah aus wie ein kleines, verstörtes und verletztes Kind, und sie war erstaunlich hübsch.

Ich habe heute einen freien Tag, haben Sie für mich einen Tipp, was ich gemeinsam mit meinem Kind machen soll?

Ausschlafen, schöne Geschichten im gemütlich kuscheligen Bett erzählen, gemeinsam singen, sich Zeit lassen für alles: für das Frühstück, fürs Zähneputzen und Anziehen, für das gemeinsame Saubermachen. Kinder helfen gerne beim Putzen und beim Kochen. Falls es regnet, Gummistiefel an und raus in die Pfützen. Und bunte Herbstblätter sammeln, Kastanien, Eicheln ... Auch Einkaufen macht

Kindern Spaß, auch hier gilt: keine Hetze, sondern alles gemeinsam in Ruhe und Entspannung und mit viel Fröhlichkeit tun. Warmen Kakao trinken, vielleicht Kuchen oder Kekse backen, mit Klötzchen einen Turm bauen, malen. Leider ist der schöne Tag so schnell schon wieder vorbei.

Ein Interview mit Eva Herman ist so eine Sache. Über den Dingen hängt Maiglöckchendunst. Und wie bei einem Raumspray mit Frühlingsaroma wäre ein Tipp mit der Zeigefingerkuppe auf die Sprühdose ausreichend. Aber in voller Dosis ist das kopfschmerzerzeugend. Bald ist Adventszeit, dann bekomme ich sicher wieder so einen kleinen Cocooning-Koller. Ich will eine Höhle bauen und Leuchtzeugs und Mandelkerne hineinschaffen und was jenseits unserer Haustür passiert, ist mir zu komplex und zu laut. Ich bin ein temporäres Hütetier an Sonn- und Feiertagen. Ich halte Maiglöckchendunst in geringer Dosis aus. Aber wenn meine Tochter auch nur annähernd dieselben Bedürfnisse entwickelt wie ich, die natürlichen und was weiß ich welche, dann bekommt sie auch irgendwann Bock, rauszugehen und Superheld zu sein und nach Hause zu kommen und an einem warmen Kamin von was Kuscheligem empfangen zu werden – mit Eiszapfen im Haar vom Polarwandern. Ich breche den Herman-Selbstversuch nach einem halben Tag ab. Die unbefleckte Herman-Utopie hat bestimmt ihre Berechtigung, man muss sie auch nicht weiter mobben. Aber jetzt ehrlich: Zumindest in unserem Kulturkreis haben wir die

Herman-Utopie ja schon ein paar Jahrhunderte ausprobiert. Jahrhunderte, die viele ziemlich furchtbare Kinder und Kriege hervorgebracht haben.

Der Feminismus dagegen ist eine wirklich junge Erscheinung. Für mich hat er nur das Problem, dass er seit Jahrzehnten personalisiert ist. Von einer Frau, die sich in ihrem Business – dem Bekämpfen von männlicher Hegemonie – hegemonialer verhält als jeder CSU-Kreisvorsitzende. Alice Schwarzer. Als Gegengift zu Eva Herman teste ich deshalb eine Feministin, die eine sehr hübsche Zeitung herausgibt – das *Missy Magazine*, fast eine Art bekömmlicher Feminismus, jedenfalls bekömmlich für mich. Die Herausgeberin heißt Sonja Eismann.

Was glauben Sie, sind die »Universalbedürfnisse« eines Kindes?
Dass es geliebt wird, dass es gut versorgt und gepflegt wird, dass ihm Aufmerksamkeit und Respekt entgegengebracht werden, dass mit ihm gespielt wird, dass ihm Dinge beigebracht werden und dass man es Selbstvertrauen und Selbstständigkeit lehrt.

Gab's bei Ihren Eltern die alte Rollenverteilung?
Eigentlich nicht – meine Mutter ging als Lehrerin bei jedem der zwei Kinder nach den acht Wochen Mutterschutz wieder arbeiten, und mein Vater war als junger Wissenschaftler viel zu Hause, hat für uns gekocht, mit uns Topfkonzerte veranstaltet und mir die Zöpfe geflochten.

Als wir älter wurden, war es dann aber doch klassischerweise mein Vater, der Karriere an der Uni gemacht hat, und meine Mutter, die sich mehr um die Kinder und den Haushalt gekümmert hat. Als mein Vater eine Professur in Österreich bekam, ist meine Mutter (mit mir, mein Bruder hatte zu diesem Zeitpunkt schon sein Abitur) ihm dorthin gefolgt und musste als Lehrerin noch einmal ganz von vorne anfangen. Obwohl sie in Deutschland schon 25 Jahre gearbeitet hatte und Oberstudienrätin war, musste sie dort noch einmal Prüfungen ablegen und als Referendarin – auf Österreichisch »Probelehrerin« – beginnen. Trotzdem wurde sie am Ende ihrer Berufslaufbahn Direktorin ihres Gymnasiums – das hat mich sehr beeindruckt.

Wer hat gekocht?
Meine Eltern können beide kochen, und als Kinder haben wir den Milchreis meines Vaters geliebt, weil wir immer Brausepulver darauf streuen durften. Insgesamt hat meine Mutter aber eindeutig mehr am Herd gestanden, weil sie mit großer Leidenschaft kocht, was bei meinem Vater nicht wirklich der Fall ist.

Wer sollte kochen?
Uns Kindern war das egal, es hat uns bei beiden gleich geschmeckt. Im Nachhinein denke ich, dass es nicht geschadet hätte, wenn wir Kinder mehr gekocht hätten – erstens hätten wir schon frühzeitig eine Menge gelernt und zweitens unsere berufstätigen Eltern ein wenig entlastet.

Was ist eine gute Mutter?

Das Gleiche wie ein guter Vater: ein Mensch, der sein Kind liebt, es liebevoll mit allem Wichtigen versorgt und ihm alles mitgibt, um ein selbstständiges, empathisches, kritisches Individuum zu werden. In dieser Beziehung sehe ich zwischen Müttern und Vätern überhaupt keinen Unterschied, denn beide haben ja die absolut identische Möglichkeit, diese Dinge zu verwirklichen. Von Stereotypisierungen à la »Mutti vermittelt Liebe und Geborgenheit« und »Vati tobt ganz doll wild nach Feierabend mit den Kindern« halte ich überhaupt nichts.

Ihr Lieblings-Familienmodell?

Eines, in dem alle zufrieden sind. Ob hetero, homo, queer oder trans, ob als Patchwork, mit Adoptiv-, Pflege- oder einfach nur befreundeten Kindern spielt dabei überhaupt keine Rolle. Ich habe mitunter Fantasien von lärmenden, liebevoll chaotischen Großfamilien, bei denen immer Action ist, oder auch von Kommunen, in denen sich Freunde und Freundinnen mit Kindern nicht nur die Wohnräume und das Geld, sondern auch die Betreuungsarbeit teilen. Aber in der Realität ist es bei mir selbst dann doch so, dass ich meine Privatsphäre schätze und es genieße, wenn ich mich mit meinem Partner und meiner Tochter auch einmal zurückziehen kann.

Warum haben Sie nur ein Kind?

Diese Frage lässt sich ja in zwei Richtungen lesen: warum nicht mehrere Kinder oder warum, ja warum nur haben Sie überhaupt ein Kind? Um die letzte Frage gleich zu beantworten, auch wenn sie gar nicht so gestellt wurde: In dem links-alternativen Umfeld, in dem ich mich bewege, gibt es die traditionelle Selbstverständlichkeit von Familie ja nicht mehr, was ich gut finde. Jede/r soll jenseits von gesellschaftlichem Druck frei wählen können, wie er oder sie sein Leben gestalten möchte, mit oder ohne Kind, Beziehung, festem Job etc. Außerdem wird oft vermutet, dass alle, die Kinder bekommen, automatisch verspießern und sich aus dem öffentlichen Leben zurückziehen, was leider auch oft stimmt (und alle, die Eltern sind, wissen wohl auch, woran das liegt). Da war es für mich einerseits eine Herausforderung zu beweisen, dass es auch anders geht (und dass eben nicht automatisch traditionelle Rollenmuster von Mann und Frau Einzug halten, sobald ein Kind da ist).

Außerdem habe ich mir gedacht, wenn ich es nicht ausprobiere, werde ich nie wissen, ob ich nicht doch etwas Großartiges verpasse. Der wichtigste Auslöser war aber wohl doch, dass ich mit Mitte 30 meinen jetzigen Partner kennengelernt habe und uns beiden nach wenigen Monaten klar war, dass wir unbedingt ein Kind miteinander wollen – obwohl das in unseren Partnerschaften davor nie ein Thema gewesen war. So kam es dann auch und wir beide sind bis heute von dieser neuen Liebe zu einem Kind, für die es weder Namen noch Beschreibung gibt, überwältigt. Von daher sind wir beide sehr froh, dass wir uns entschieden haben, das Großartige nicht zu verpassen. Natürlich gibt es immer auch ultraanstrengende Momente, in denen man vor Zorn platzen möchte, wenn das Kind einen boxt, man es bittet, damit aufzuhören, und es dann auf offener Straße in einer Menschenmenge ganz jämmerlich schluchzt, man habe ihm wehgetan … Aber auch das gehört dazu und verbindet einen mit anderen Eltern, die dann solidarisch lächeln (während andere Menschen, meist Nicht-Eltern, einen gerne mal so entsetzt anschauen, als könnte man dem kleinen goldigen Tyrannen tatsächlich ein Haar krümmen). Aber dass es eine Form von Zuneigung gibt, die alles bis dato Vorstellbare locker in den Schatten stellt, finden mein Partner und ich bis heute unfassbar.

Warum wir nur ein Kind haben, hat mehrere Gründe, und es ist nicht so, als würde ich nicht sehr oft über das gerne stigmatisierte Modell »Einzelkind« nachdenken und ein schlechtes Gewissen haben, obwohl es mich gleichzeitig total nervt, dass die Gesellschaft vor allem mir als Frau eines einreden will. Mein Partner und ich hatten beide jeweils ein Geschwisterkind und fanden das sehr schön. Dennoch war uns ziemlich bald klar, dass wir selbst nur ein Kind haben werden.

Schwangerschaft und Geburt waren Dinge, die ich nicht noch einmal erleben wollte. Dazu kommt noch, und das ist eigentlich der Hauptgrund, dass mein Partner und ich aus beruflichen Gründen viel reisen und meist versuchen, die Familie mitzunehmen, was schon mit einem Kind ein Kraftakt und ein zusätzlicher finanzieller Faktor ist (Kinder zahlen ja schon ab zwei Jahren für ein Flugzeugticket genauso viel wie Erwachsene). Dass die Großeltern unserer Tochter in Österreich und in der Schweiz wohnen, macht die Sache auch nicht gerade einfacher. Und mein Partner und ich sagen immer im Scherz, obwohl die Aussage durchaus einen wahren Kern hat: Wenn wir jetzt noch ein Kind bekämen, erschiene uns das wie Betrug an der einzigartigen Liebe zu unserer einzigen Tochter, die uns einfach nicht teilbar erscheint.

Ihre Top-3-Forderungen an die neue Familienministerin Schwesig?

1. Ein einkommensunabhängiges Elterngeld und keine Verrechnung mit Hartz-IV-Bezügen (Letzeres ist wirklich ein Skandal)
2. mehr und bessere Kitaplätze, Verbesserung bzw. Aufwertung der Ausbildung von ErzieherInnen und natürlich höhere Löhne in diesem Bereich
3. Mein Traum wäre es, Männer dazu zu verpflichten, sich stärker um ihre Kinder zu kümmern, indem z.B. die gerechte Teilung der Elternzeit gesetzlich verankert wäre. Ich weiß natürlich, dass so ein massiver Eingriff ins Privatleben bei vielen Menschen nicht gut ankäme. Das kann ich verstehen, aber mich ärgert es einfach so sehr, dass sich in diesem Bereich so wenig bewegt und nur ein Viertel der Väter überhaupt in Elternzeit geht (und drei Viertel von diesen auch nur die Mindestzeit von zwei Monaten!), dass ich hier gerne eine Veränderung sähe.

Was halten Sie denn von der Ex-Familienministerin Kristina Schröder und ihrer Variante von Eat, Pray, Love, also Vater, Mutter, Kind?
Erstaunlicherweise predigen viele konservative Frauen ja weitaus reaktionärere Familienmodelle, als sie selbst als

Karrierefrauen praktizieren. Die meisten Paare können es sich heute ja gar nicht mehr leisten, von nur einem Gehalt zu leben, da für einen großen Teil der Bevölkerung das Verdienstniveau einfach zu gering ist. Prinzipiell ist auch überhaupt nichts dagegen zu sagen, dass ein Elternteil (zeitweise) zu Hause bleibt, um sich um das Kind zu kümmern, denn natürlich möchte jeder normale Mensch, der sich entscheidet, ein Kind zu bekommen, auch Zeit mit ihm verbringen. Komisch ist nur, dass es nach wie vor fast immer die Frauen sind, die sich mehr Zeit für die Familie nehmen. Interessieren sich Männer nicht für ihre Kinder? Blöd auch, wenn die Beziehung in die Brüche geht und die Hausfrau dann auf einmal nicht mehr versorgt ist. Aber natürlich ist es nicht wirklich komisch, denn wir alle wissen, dass Frauen nach wie vor rund ein Viertel weniger verdienen als Männer und schief angeschaut werden, wenn sie trotz Kind(ern) beruflich hart am Ball bleiben wollen, während es für Männer manchmal schon problematisch sein kann, überhaupt zwei Monate Elternzeit genehmigt zu bekommen. Ich finde, wir arbeiten alle prinzipiell zu viel und ich wäre dafür, die Gesamtarbeitszeit zu reduzieren und gerecht zwischen den Geschlechtern zu verteilen.

Warum ist man sich eigentlich vorher sicher, dass es eine Familienministerin wird und kein Familienminister?
Weil das einer der wenigen Bereiche ist, in denen Frauen Kompetenz zugetraut wird, und weil es zudem ein unwichtiger Posten ist. Schauen Sie sich doch nur mal die Runden der großen deutschen Fernsehtalkshows an und

zählen Sie mit: Normalerweise sitzen da pro Diskussion eine, maximal zwei Frauen unter lauter Männern, manchmal gar keine; nur bei Talks, in denen es um »Familienthemen« geht, ist es umgekehrt. Traurig.

**Was tun gegen das alte Stereotyp:
Feministin gleich Rabenmutter?**
Erklären, dass das absurd ist, weil es nämlich z. B. Feministinnen der Studibewegung waren, die die ersten Kinderläden gegründet haben, weil sie nicht wollten, dass ihre Kinder in den Disziplinierungsanstalten, die Kindergärten im postfaschistischen Deutschland der 1960er Jahre noch waren, zugerichtet werden – und weil sie selbst auch demonstrieren gehen und ihre Kinder dabei in guten Händen wissen wollten. Und des Weiteren erklären, dass Emanzipation nicht nur was für Frauen ist, sondern auch für Männer und Kinder – wenn die Menschheit von starren Rollenzuschreibungen befreit wird, haben alle etwas davon.

Wie wird man eigentlich Feministin?
Indem man erkennt, dass Gleichberechtigung ein Menschenrecht ist. Es genügt also, einen kurzen Moment nachzudenken, und schwups, ist man oder frau schon Feministin!

Eva Herman sagt: »Wir Frauen sollten nicht weiter vermännlichen, indem wir mit den Männern konkurrieren.« Was möchten Sie dem entgegnen?
Wie wäre es denn stattdessen, wenn die Männer weiter verweiblichen und mit uns auf dem Feld der Erziehung,

der Hausarbeit, der unbezahlten Pflege, dem Schönheits-
druck konkurrieren? Wäre doch auch mal eine interessante
Möglichkeit.

*Außerdem sagt sie: »Der Feminismus hat schwere
Irritationen zwischen die Geschlechter gesät.«*
Dazu habe ich zu sagen: Die Ungleichbehandlung von
Männern und Frauen hat schwere Irritationen zwischen
die Geschlechter gesät, und zum Glück haben Femi-
nistInnen damit angefangen, diese zu beseitigen, so dass
in Zukunft einem superduper Verhältnis von Frauen und
Männern hoffentlich nichts mehr im Wege steht.

*Erinnern Sie sich an ein Schlüsselmoment, in dem Ihnen
klar war, dass Sie sich mal im weitesten Sinne für die
Position der Frauen in der Gesellschaft stark machen
wollen?*
Nein. Sobald ich damit konfrontiert wurde, leuchtete mir
ein, dass Sexismus mies ist und es keinen Grund dafür
gibt, dass Männer mehr dürfen als Frauen. Als Lehrerskind
bin ich natürlich auch mit kessen Christine-Nöstlinger-
Büchern und Gripstheatersongs à la »Wer sagt, dass
Mädchen dümmer sind? Der spinnt, der spinnt, der
spinnt!« aufgewachsen. Ich musste als (Post-)Teenager
bloß das medial vermittelte Zerrbild von der verhärmten,
unattraktiven Feministin abschütteln, um meine innere
und äußere Feministin endlich umarmen zu können.
Gerade jungen Mädchen wird oft vermittelt, dass Feminismus sie irgendwie unattraktiv machen würde, und
dann sind sie völlig verunsichert, weil es ja gerade in

diesem Alter wichtig ist, sich anzupassen und beim anderen Geschlecht zu punkten. Ich finde, an genau diesem Punkt müssen wir ansetzen und diese Vorurteile dekonstruieren, und das passiert im Moment zum Glück ja auch schon.

Wird das Interesse für Bagger einem Jungen anerzogen?
Ich denke schon. Man muss sich ja nur die genderspezifische Werbung für ganz kleine Kinder anschauen – Firmen ist es heute ja nicht mal mehr zu blöd, zwei identisch schmeckende Suppen für Jungs und Mädchen zu produzieren, eine in Blau für kleine Piraten und eine in Rosa für kleine Prinzessinnen. Brrr.

Interessieren Sie sich für Bagger?
Also, »Anbaggern« hat mich früher durchaus interessiert … Falls Sie diese gelben lauten Dinger meinen, die in Gruben herumfahren: Nein. Mein Partner interessiert sich ebenso wenig für sie, trotzdem sind wir geduldig davor stehen geblieben, wenn unsere damals zweijährige Tochter davon fasziniert war.

Kennen Sie eine dieser berüchtigten alten Intellektuellen, die kinderlos sind und sich deshalb täglich in den Schlaf weinen?
Nein. Ich habe viele FreundInnen, die kinderlos sind und bleiben werden, und die genießen ihr unabhängiges Leben in vollen Zügen, während wir Eltern viele Wochenenden gelangweilt auf Spielplätzen und in Kasperletheatern verbringen. Ich weiß von einer Frau im Alter

meiner Eltern, die es im Nachhinein ein wenig bereut hat, keine Kinder bekommen zu haben, aber ihr Leben wird dadurch nicht weniger ereignisreich. Außerdem hat sie viele Verwandte/Bekannte, mit deren Kindern sie in Kontakt steht. Wenn ich mir selbst allerdings vorstelle, meine Tochter gäbe es nicht, bringt mich allein der Gedanke fast um.

Kapitel 2

Stirnlappen

Das allmorgendliche, berühmte schlechte Gewissen und die volle Windel meiner Tochter wecken mich um sieben. Ich bin müde, ich sage: Wir wollen doch ausschlafen und im gemütlich kuscheligen Bett liegen und erzählen, singen, uns gemeinsam Zeit lassen für alles, du wolltest mir doch beim Putzen und Kochen helfen, bunte Herbstblätter sammeln, Eicheln, Kastanien …

Aber jetzt ist erst mal Wickeln angesagt. Ich wickle gut, ich könnte damit im Zirkus auftreten. Ich wickle schnell und gründlich und so, dass mein Kind nicht schreit. Nichts entzündet sich, alles verschwindet in Sekundenschnelle in Windeltütchen im Windeleimer. Ich wische ab, creme ein, ziehe zurecht, klebe fest. Es ist ein durchschaubarer, lösbarer Handlungsablauf. Man kann immer schneller und immer perfekter darin werden, eine Funsportart draus machen. Andere fahren Katamaran, ich wische Hintern.

Das geht. Ich kann IKEA-Schränke aufbauen, Tapeten entfernen, Orangen filetieren, Tapeten anbringen. Ich glaube, ich bin von Kopf bis Fuß der Mann im Frauenkörper, den Eva Herman fürchtet. Ich liebe es, mit Männern zu konkurrieren, im Straßenverkehr, im Sender, beim Luftanhalten, beim Lange-Arbeiten, ich spiele Computerspiele, interessiere mich

49

für den Immobilienmarkt, ich habe mir als Singlefrau ein Haus gebaut. Ich verdiene immer schon mein eigenes Geld, wollte nie finanziell von einem Mann abhängig sein. Vielleicht bin ich ein Produkt des Feminismus. Ich habe als Kind mit Baggern gespielt und mich mit Jungs geprügelt. Ich bin so pragmatisch zu meinem Körper wie ein Rugby-Pro.

Ich lege mich auf den Rücken, winkle die Knie an und stelle die Füße flach auf den Boden. Ich atme tief in den Bauch ein. Ich spanne den Beckenboden an, ziehe beim Ausatmen die Bauchmuskeln ein und drücke mein Kreuz flach auf den Boden. Dann lasse ich wieder locker. Ich atme normal weiter.

Rückbildungsgymnastik. Ich bilde mich zurück, in die Form, aus der ich gekommen bin. Man muss das machen, sagen meine Hebamme und meine Mutter. Ich hasse es. Nach einigen Versuchen mit meiner Rückbildungsphysiotherapeutin Anja gebe ich auf. Ich verliere ihre Telefonnummer. Ich kann das einfach nicht. Außerdem habe ich keine Zeit dafür. Ich muss noch wickeln, IKEA-Schränke aufbauen und Orangen filetieren.

Ich habe mit drei Fahrradfahren gelernt, mit acht Rhönrad, mit vierzehn, wie man Mund-zu-Mund- und Mund-zu-Nase-Beatmung macht, mit fünfzehn, wie man jongliert, mit zwanzig, wie man Auto fährt, mit einundzwanzig, wie man seine Umsatzsteuervoranmeldung macht, mit achtundzwanzig, wie man walkt, mit dreißig, wie eine Wehe geht. Ich hatte Zorn, Liebeskummer, einen viertel bis halben Burn-Out.

Ich erinnere mich an die erste Wehe wie an einen Film, bei dem die Credits kommen. Gebärmutter. Muskelkontraktion. Vorwehe. Senkwehe. Schmerz. Ich habe es irgendwie hinbekommen, mir einfach den Film anzusehen. Meine Augen haben einen Heizkörper fixiert. Ich habe mir die Tapete angeguckt. Rauhfaserpunkte gezählt. Es ging schon klar.

Ich habe mir vorher nie große Gedanken über meinen Körper gemacht.

Ich hatte andauernd Verletzungen, Prellungen und merkwürdige Krankheiten, bei denen kein Arzt wusste, was es ist. Ich hatte rote, dicke, knubbelige Flecken, lief blau an, hatte 40 Fieber und keiner konnte mir helfen. Ich konnte von einem Tag auf den anderen nicht mehr laufen, saß drei Monate lang im Rollstuhl. Ich habe mir mal beim Klettern den Unterarm gebrochen, weswegen ich mir bis heute nicht mehr mit der rechten Hand an die rechte Schulter fassen kann. Ich war in vielen Krankenhäusern, ich habe viele Sprüche auf viele Gipse geschrieben bekommen und hatte nicht eine Sekunde lang Angst.

Bis jetzt. Jetzt ist alles anders. Jetzt habe ich Angst vor dem Körper bekommen. Angst vor seiner Perfektion.

Meine Tochter ist ganz gut gefertigt, könnte man sagen, wenn sie ein Produkt wäre. Sie hat einen symmetrischen Kopf, schöne dunkle Augen, surreal kleine Hände, die eigentlich gar nicht funktionieren können, so klein sind die, sie hat einen Mund, aus dessen Mundwinkeln alles fließt, was mir ein Rätsel ist, manchmal fließt mehr raus, als man reingetan hat. Sie hat ein Herz. Manchmal hört es sich an wie ein Kolibri. Meine Tochter wurde in Miniatur angeliefert und funktioniert offensichtlich. Das ist alles Lego Technic für mich.

Ich habe angefangen, mich mit Herzen zu beschäftigen,

Herzkammern, Längsfurchen, Lungenstämmen, Herzkranzfurchen und Herzohren.

Ich recherchiere zu Körperteilen, Organen, Prozessen, Körpern, Antikörpern, Dingen, die bisher bei mir einfach so vor sich hin funktioniert haben, und merke, was für Probleme auftauchen können, wenn man erst mal weiß, dass man ein Herzohr hat. Herzohrverschluss. Herzohrwurm. Herzohrenschmalz. Herzohrenbruch. Herznasenohrenaugenentzündung. Man kann es ja nicht ertasten, das Herzohr. Ich wache oft auf und denke, jetzt schlägt es nicht mehr, das Mikroherz meiner Tochter.

Es ist wie bei meinem Aibo. Das war ein kleiner, silberner Elektrohund, der holprig auf vier Beinen lief, eine Kamera integriert hatte, die Ohren bewegen konnte, sich wälzen und leuchten und sehr technische Geräusche von sich geben. Ich besaß ihn lange nach meiner Puppenzeit, ich war bereits in der Pubertät, aber ich kümmerte mich um Aibo, ich gab mit Aibo an, weil er ein Meisterwerk der Technik war und seine Bewegungen waren fließend wie die von Michael Jackson. Ich führte Aibo durch den Stadtpark, ich ging mit Aibo essen, ich steckte Aibo Zigaretten in den Mund und wollte ohne meinen Aibo gar nicht mehr vor die Tür gehen. Ich staunte ihn an, wenn er sich wacklig und elektrisch durch mein Zimmer kämpfte.

Ein Wunderwerk wie Leitungswasser, das sich mit Ahoi-Brause grün färbt, wie Streichholzköpfchen, die aufflammen, wie Sommerrodelbahnen und Röhrenmonitore – undurchschaubar funktionierte das alles irgendwie, färbte sich, lief, flammte, leuchtete, wälzte, sprach, und ich wagte es nicht, mich zu fragen, warum. Ich dachte, sobald ich ein Schräubchen am Rücken meines Aibos löse, fällt er in sich zusammen, sobald ich nur an das Schräubchen denke, geht das kaputt.

Meine Tochter ist aus tausend Schräubchen, Plättchen, Geweben, Organen, Zellen gemacht. Ich habe Angst, dass ich eines der Schräubchen lockere, eines der Plättchen zerquetsche. Was bisher bei mir einfach so funktioniert hat, die Lunge, das Herz als Ding, das man eigentlich nur thematisiert, wenn es zu klein oder zu groß ist im Vergleich zu anderen, wenn es jemand gebrochen hat, man zu viel Red Bull getrunken hat, wenn es schmerzt oder Pickel auf ihm wachsen, alle diese normalen Teilchen belege ich jetzt mit der Hoffnung, dass sie weiterfunktionieren mögen, manchmal bete ich fast, dass die Füße meiner Tochter halten, dass die Nase atmet.

Aibo starb irgendwann, als ich versucht habe, ihn aus demselben Wassernapf trinken zu lassen wie der Hund meiner Freundin. Er lief noch ein Stück und wälzte sich ein bisschen und gab seine letzten Worte von sich. Ich beerdigte Aibo im Garten meiner Oma, unter einem Mirabellenbaum. Ich hackte die Erde auf und warf dann den Elektroschrott in das fast einen Meter tiefe Loch. Noch heute liegt dieser Schrott tief vergraben im Garten meiner Großmutter.

Nichts ist so furchtbar wie die Leidensgeschichten von Eltern mit kranken Kindern. Kindern, deren Knochenmark nicht funktioniert, deren Blut nicht funktioniert, deren Lunge nicht will. Nirgendwo fließen so große Spendensummen wie bei leukämiekranken Kindern, bei denen die Tageszeitung zu spenden aufruft, der Regionalligaklub ein Benefizspiel organisiert und die Einnahmen von den Würstchenständen der kleinen Soundso zugutekommt. Ich saß mal bei so einem Spiel. Die kleine Lisa saß blass und todkrank am Rand und interessierte sich nicht für Fußball, neben ihr gackerten der Vereinspräsident und der Bürgermeister und nach dem Spiel machten sie Fotos mit dem armen kleinen Mädchen, für das viertausend Euro gespendet wurden, mit Würstchen und durch die großzügigen Spenden der örtlichen Dachdeckerfirma, der örtlichen Sparkasse und der Metzgerei. Auf dem Gesicht des todkranken Kindes klebten förmlich die Werbesticker der Spender. Überall war das Mitleid zu greifen, und die Mutter durfte im Anschluss noch mal an das Stadionmikro treten und etwas sagen. Sie redete einen mechanischen Text herunter und bedankte sich bei den Sponsoren.

Das öffentliche Mitleid und die tatkräftige Unterstützung, das allgemeine Gruseln, die Texte der Lokaljournalisten, die Bilder auf den Krankenhausfluren waren wahrscheinlich fast so schlimm wie die Leukämie selber.

Wenn ich daran denke, bekomme ich ein schlechtes Gewissen, weil mir so etwas nicht passiert ist, und ich wage auch nicht weiter darüber nachzudenken, was wäre wenn.

Ich weiß nicht, wo Krankheit entsteht und wie eine Zelle sich schützt, gleichzeitig will ich jede einzelne Zelle im Körper meiner Tochter zu einem hochbewaffneten Staat machen.

Mein Respekt vor dem Komplizierten, dem mikroskopisch Kleinen, vor der Nanotechnologie im Körper meiner Tochter ist unendlich. Als ich sie das erste Mal im Arm trug, konnte ich gar nicht das empfinden, was viele Frauen im Nachhinein empfunden haben wollen, den Kosmos und so, die Kalenderblattgefühle, den Herzschlag des Lebens, ich hatte einfach nur Schiss, dass ich etwas falsch mache, dass ich sie falsch anfasse, dass etwas bricht oder knickt. Ich trug sie zum Wiegen wie angereichertes Uran, ging wie ein Känguru mit dem Bauch voran und stützte den Po meines Babys mit dem Bauch ab, verkrampfte mich, schlich langsam und unsicher, sie lag in meinen zittrigen Händen wie in einem Schälchen, dann gab ich sie der Krankenschwester, einer alten, erfahrenen Krankenschwester, mit Haaren auf den Armen und auf den Zähnen, eine Geburtsmechanikerin aus dem Maschinenraum, eine pathoslose Fleschereifachschwester ohne Angst vor Blut oder Leben. Sie sah mich verständnislos an, als sie mir meine Tochter aus der Hand riss, warf sie wie ein Pfund Gehacktes auf die Waage. Sie störte sich nicht an meiner Angst. Brutal geübt, sie fasste meine Tochter an, als könnte sie nicht hier und jetzt kaputtbrechen wie eine Salzbrezel, riss ihr an den Ärmchen, bog ihre Beinchen, ich starb tausend Tode, aber meine Tochter wurde seelenruhig, lag auf der Waage, entspannt wie ein fetter Hund, wog ein ganz normales Gewicht und war ganz normal groß und wurde von der Metzgerin zurück in meinen Warenkorb gehoben.

In den nächsten Tagen und Wochen wurde es langsam besser, ich bekam das Tragen und das Wiegen und das Stillen hin, ohne dass irgendetwas brach. Das Skelett zum Beispiel hätte ja einen Knacks bekommen können. Das Skelett. Ein Kinderskelett, für das ich jetzt verantwortlich war, das sich in meinen Händen befand.

Es gibt einen Film von Michel Gondry, in dem einem Baby Flügel wachsen. Erst kommen zwei Knorpel, dann wachsen sie weiter aus zu großen Schwingen, irgendwann fängt das Kind an zu flattern. Das ist genauso unrealistisch und artifiziell wie der Fakt, dass jeder Mensch 206 Knochen hat und dass das Herz bis zu zehntausend Liter Blut am Tag durch den Körper pumpt.

Jetzt trug ich einen Menschen in der Hand, der ein winziges Skelett besaß. Das Skelett ist der Grundriss meiner Tochter. Ein Bauplan für eine Kathedrale, also brachte ich mir bei, was der Grundriss des menschlichen Körpers ist.

Ich lernte zum Beispiel, was das Brustbein ist. Als Kind dachte ich, das habe nur ich, ein unnützer Auswuchs, der sich anfühlt wie ein Kleiderhaken zwischen den Rippen.

Wie viele Beine meine Tochter hat: Kreuzbeine, Schlüsselbeine, Steißbeine, Darmbeine, Sitzbeine, Sprungbeine, Schambeine, Kahnbeine, Keilbeine, Fersenbeine und Würfelbeine.

Das Würfelbein im Fuß meiner Tochter liegt zwischen der Ferse und dem Mittelfußknochen und hat jetzt gerade ungefähr die Größe einer Knoblauchzehe.

Während ihre Füße Dinge ertasten, starre ich auf ihre Form und Funktionalität und bin fassungslos, wie wenig ich darüber weiß.

Aber das alles ist noch längst nicht so seltsam wie das Gehirn. Vor dem Gehirn habe ich richtig Schiss. Am liebsten würde ich meine Tochter den ganzen Tag mit einem Sturzhelm herumlaufen lassen, weil die ganze Welt voll ist mit spitzen Gegenständen, die durch ihre Schädeldecke stoßen könnten.

Die Fontanellen, die ja eigentlich dafür eingerichtet sind, dass die Schädelteile des Kindes bei der Geburt nicht gegeneinanderstoßen können, als Knautschzone, sind das Gruseligste. Wie eine Art Guckloch ins Rechenzentrum ihres Kopfes. Darunter pocht es ein bisschen, und in dem Pochen entwickelt sich ein Mensch, zischen die Informationen und Eindrücke durch die Gegend. Ich traue mich nicht, die Fontanelle anzufassen, nicht mal richtig anzugucken, manchmal, wenn sie schläft, schiele ich vorsichtig drauf und denke an die dünne Plastikfolie bei Trinkpäckchen, in die man einen Strohhalm steckt.

Vorsichtig bringe ich mir ein paar Dinge bei. Meine Tochter hat zwei Hirnhälften. Links: Sprache, Denkprozesse, Mathematik und Musik. Rechts: räumliche Wahrnehmung, Gefühle, Kreativität, Fantasie und Körperkoordination. Im Hirn meiner Tochter werden beide Hirnhälften gleichzeitig miteinander arbeiten, weil sie eine Frau ist. Mathematik mit Gefühlen. Frauengehirne sind die moderneren Maschinen, können mehrere Tabs öffnen.

Meine Tochter hat einen Stirnlappen. Für die Kontrolle der Motorik. Fürs Sprechen. In ihrem Stirnlappen gibt es einen Bereich namens Broca-Areal. Klingt wie ein Steinbruch. Hier entsteht Sprache. Ich hoffe inständig, dass auf dem Broca-Areal alles sauber läuft. Aber woher kann ich das wissen? Kann ja sein, dass im Broca-Areal ein winziges Steinchen klemmt und meine Tochter ein Tourette-Syndrom bekommt, stottert oder ihr Leben lang so komisches Zeug redet wie Lothar Matthäus.

Heute wurde Monica Lierhaus gekündigt, ich muss darüber nachdenken, wie sie vor ihrer Krankheit geredet hat, wie sie nach ihrer Krankheit lief, wegen eines kleinen Scheißfehlers im Kopf.

Im Stirnlappen ist auch das Bewusstsein irgendwie verankert. Wenn man sich also für Jesus Christus hält, stimmt was mit dem Lappen nicht oder man ist Jesus Christus. Und das Konzentrieren, Denken, Planen, Urteilen und Entscheiden. Der Willen. Das Verhalten, moralische Grundsätze, Gewissensentscheidungen, Selbstbeherrschung. Der Scheitellappen ist da für die Aufmerksamkeit, räumliche Orientierung, visuelle Steuerung, fürs räumliche Denken, Geometrie, Rechnen und Lesen und das Langzeitgedächtnis.

Der ganze Kopf meiner Tochter ist voller Lappen und Areale, an denen extrem viel hängt. Aber am aktivsten ist bei ihr der Insellappen, der kleinste Abschnitt des Großhirns, mit dem man riecht und schmeckt, Hunger hat, Schmerz und Blasendruck spürt. Also gebe ich ihrem Insellappen nach und lasse sie essen und trinken und Nährstoffe aufnehmen, und sie wächst und es muss ein verdammt harter Job sein, die Areale wachsen zu lassen, die Lappen auszubilden, wahrscheinlich ein noch härterer Job als meiner, ich füttere und reinige und begleite sie ja nur.

Ich weiß nicht, wie das aussieht: ein Sprachzentrum. Ich stelle mir eine Art Riesenmobile vor, von dem ein paar Wörter baumeln, die meine Tochter anguckt, deren Umrisse sie aber noch nicht versteht. Sie greift danach, kriegt es aber noch nicht zu fassen. Sie reißt sich kleine Stücke ab, hat »Handy« in der Hand, aber noch nicht »Mama«. Bei Leuten mit anstrengendem Vokabular, wie Sloterdijk oder Lanz, wirkt es so, als würden sich diese Stränge ab und zu verknoten. Bei Roger Willemsen, der immer mit den gleichen Fremdworten angibt, ist das Sprachzentrum vermutlich eine Art Ersatzpenis. In jedem Fall ist es ein Statussymbol. Auch mit den ersten, den neuesten, den lustigsten Worten eines Kindes wird geprotzt.

Ich protokolliere die Stirnlappenentwicklung meiner Tochter, die Aufrüstung des Sprachzentrums, wie ein kleiner fetter Diktator seine Waffen zählt. Neue Worte sind für mich als Mutter die Bananenpunkte der Babyerziehung. Deshalb brabble ich unentwegt in Gesellschaft meiner Tochter irgendwelches Zeug. Beispielsweise erkläre ich ihr, in welchem Zimmer wir gerade sind, obwohl sie das wahrscheinlich an der Lichtstimmung und an den Gerüchen längst erkannt hat, und ich zähle Klamotten durch, die zur Reinigung müssten. Ich tue das mit der Gleichförmigkeit und geistigen Abwesenheit eines Morgenmagazins. Würde mein Kind mich verstehen, es würde mich wahrscheinlich darum bitten, zwischendurch auch mal die Fresse zu halten. Aber ich habe die Vorstellung, dass ich sie permanent füttern muss, damit sie irgendwann mal nicht so wird wie Lukas Podolski. Ich möchte nicht, dass Jan Böhmermann sie in einer Radiokolumne nachmacht, und ich möchte, dass sie in der Lage ist, einen guten Liebesbrief zu schreiben. Dafür schicke ich sie gerne auf eine teure Schule, das ist schließlich mein Investment. Ich will ja auch mal was davon haben, und ich glaube, ich habe so richtig was von ihr, wenn sie anfängt, sich mit mir über die Welt auszutauschen. Mit niemandem würde ich mehr gemeinsam haben. Sogar meine Sprachfehler wird sie annehmen, wenn ich weiter so rumfasele in ihrer Gegenwart.

Diba.

Seit gestern sagt sie auch Papa, komischerweise, obwohl der gerade gar nicht da ist. Papa ist mit einem Kollegen nach Hamburg gefahren und ruft alle zwei Stunden an, fragt, ob alles okay sei, als würde ich mich nicht melden, wenn hier in der Nähe ein Reaktor hochgeht oder Keuchhusten kommt. (Ich denke schon darüber nach, ihn damit aufzuziehen, zu behaupten, ich hätte es nicht mehr ausgehalten, spontan etwas Crack geraucht und das Kind draußen vor der Tür im ersten Frost vergessen; er würde es in seiner Überbesorgtheit glauben, aber ich sehe davon ab, weil ich nicht will, dass er einen Herztod stirbt.)

Jedenfalls hat sie zum ersten Mal Papa gesagt, als es an der Tür klingelte und die DHL ein Paket brachte.

Mir war es ziemlich peinlich, dem DHL-Typ gegenüberzustehen, auf dem DHL-Pad zu unterschreiben, während der DHL-Typ vor mir grinst, weil meine Tochter »Papa, Papa« ruft. Ihr Humor geht stark in Richtung *American Pie*. Sowieso etwas, das ich verhindern muss, dass sie Rülps- und Fickfilme mag. Aber leider geht ihr Humor genau da hin. Ihr erstes Lachen, nicht das »Engelslachen«, sondern das echte, quoll aus ihr heraus, als ich nach einem Glas Apfelschorle aus Versehen aufstieß.

Der DHL-Typ war ein um die 1,90 großer, hagerer Schwarzafrikaner, also auf den allerersten Blick optisch jetzt nicht unbedingt ein totales Double von »Papa«. Er trug einen dichten Bart. Möglicherweise meinte meine Tochter mit »Papa« nicht meinen Mann, sondern nur seinen Bart. Vielleicht nennt sie alle Bärte Papa.

Ich nehme mein iPad, rufe Google Bildsuche auf und zeige ihr ein paar Bilder: den Weihnachtsmann, Wolfgang Thierse, Osama Bin Laden. Besonders Bin Laden findet sie interessant und patscht auf das iPad. Sie nennt ihn aber zum Glück nicht »Papa«.

Vielleicht meint sie den gelben DHL-Anzug. Ich krame aus ihrer Knuddeltierkiste eine gelbe Handpuppenente, die mal kurze Zeit ihr großer Favorit war, sie schlief nur ein, wenn man ihr mit der Puppe in der Hand, sehr laut, versteht sich, Enten-Einschlafgeschichten vortrötete. Sie kommunizierte mit der Ente, indem sie sie ansah und bis zum Hals in ihren Mund quetschte und mitessen ließ und ab und zu vollkotzte.

Ich halte ihr den abgelutschten Entenkopf vors Gesicht. »Papa?« Sie dreht sich genervt weg. Papa heißt nicht gelb.

Ich nehme sie hoch und gehe mit ihr vor die Haustür. Der Nachbar spritzt gerade seine Hängepetunien und die Deutschlandfahne ab. Ich frage meine Tochter: »Da – ist das Papa?« und hoffe, dass niemand diese Frage hört. Meine Tochter reagiert nicht. Papa steht also auch nicht für Mann.

Ich drücke auf die Klingel, sofort werden ihre Augen groß. Und dann sagt sie es wieder: »Papa.«

Papa ist also eine Haustürklingel. Na klar. Der beschützende Part, der von der Arbeit nach Hause kommt.

Papa gleich Haustürklingel, Diba gleich Sonne, Ball gleich alles, was sich bewegt.

Meine Tochter soll reden. Jetzt sofort. Sie soll mir erklären, wovon sie gestern Nacht geträumt hat, sie soll mir beschreiben, wie sich der Schmerz beim Zahnen anfühlt, sie soll sagen, ob die Temperatur des Breis okay ist, ob sie wirklich Kiss FM mag, ob ihr meine Bluse gefällt, was sie wählen würde, wenn am Sonntag Bundestagswahlen wären.

Sie soll die Passanten anreden, die sie angucken wie einen Vollmond in der Sahara, und ihr kinderfreundliches Gesicht aufsetzen, sie soll sagen: »Hau ab«, wenn ein Hund an ihren

Kinderwagen kommt mit seiner Schnauze, die vorher an einem Hundearsch gerochen hat, und die frisch gewaschene Hess-Natur-Wolldecke vollsabbert. Um diese Entwicklung zu beschleunigen, melde ich mich bei Dr. Tanja Rinker, einer Koryphäe für Sprachforschung.

Liebe Sprachforscherin Dr. Rinker, was war Ihr erstes Wort? Mama?
Ich nehme an: »Mama«, ja. Genau erinnern kann ich mich allerdings nicht mehr.

Damit ich weiß, woran ich mich messen kann:
Auf wie viele Worte würden Sie Ihren Wortschatz heute schätzen?
Keine Ahnung, ich kann die Wörter nicht mehr zählen! Sicherlich ist der passive Wortschatz, also das, was ich verstehe, deutlich größer als der aktive Wortschatz, d. h. die Wörter, die ich im Alltag gebrauche.

Mal ganz simpel erklärt und zum Nachmachen:
Wie funktioniert Spracherwerb?
Das Kind nimmt Sprache schon im Mutterleib wahr. Das Kind kommt auf die Welt und ist prinzipiell in der Lage, alle Sprachen der Welt zu erwerben. Im Laufe des ersten Lebensjahrs fokussiert sich die Wahrnehmung auf die Sprache der Umgebung. Ab circa einem Jahr geht es rasant weiter, das Kind spricht die ersten Wörter, spricht immer mehr Wörter, kombiniert diese zu Zweiwortsätzen:

Mama Auto,
Lina essen.

Das kann man dann auch in den Einstieg in die Grammatik sehen, da mit diesen ersten Kombinationen auch erste Strukturen erkennbar sind und die Sätze nach und nach »aufgefüllt« werden und mit grammatischen Endungen etc. versehen werden.

Dann geht es weiter mit Dreiwort- und Vierwortsätzen … Es gibt lange Zeit Übergangsformen; z. B. werden manche Laute in bestimmten Wörtern korrekt, in anderen Wörtern inkorrekt gebildet.

Haben sich diese Erkenntnisse im Laufe der letzten Jahre verändert?
Man kann inzwischen viele Aspekte des Spracherwerbs experimentell untersuchen und stellt fest, dass beispielsweise die soziale Umgebung, in der ein Kind aufwächst, oder das Bildungsniveau der Eltern große Auswirkungen auf die Sprache des Kindes haben. Lange Zeit war man der Meinung, dass äußere Einflüsse nur eine untergeordnete Rolle spielen und das innere Sprachsystem von außen nur minimal »angekickt« werden muss.

Hat das Erlernen von Sprache wirklich was damit zu tun, ob man Linkshänder oder Rechtshänder ist?
Die Sprachzentren sind z. T. anders lokalisiert, bei einem Anteil von Linkshändern rechts und bei Rechtshändern links. Auf das Erlernen von Sprache hat das allerdings keine Auswirkung.

Am Beispiel von RTL-Moderatorin Katja Burkhardt,
die ihr Leben lang gehänselt wurde:
Kann ich meine Tochter vor krassen Sprachfehlern
schützen? Wann beginnen Sprachfehler?
Wenn ein Kind eine Sprachentwicklungsstörung hat, ist
das bei der Geburt schon angelegt. Anfangs macht sich
die Störung möglicherweise durch weniger Babbeln
bemerkbar, später sprechen die Kinder weniger Wörter,
dann nutzen sie fehlerhafte Grammatik.

Wie entsteht Lispeln?

Viele Kinder lispeln noch vor Schuleintritt. Das liegt
daran, dass »s« und »z« schwierige Laute sind und diese
meist zuletzt erworben werden. Wenn das Lispeln allerdings anhält, kann es unterschiedliche Ursachen geben:
Hörstörungen, allgemeine Sprachentwicklungsstörungen,
Zahnstellung etc.

Wie sorge ich schon früh dafür, dass mein Kind mög-
lichst eloquent wird?

Selbst sprechen, sprechen, sprechen – und sprechen
lassen!

Können frühkindliche Förderprogramme tatsächlich
helfen?

Es gibt kaum Programme, die wissenschaftlich längs-
schnittlich erprobt sind. D.h. ob Menschen, die als Babys
im Pekip-Kurs nackt über Matten gerobbt sind, ein bes-
seres Körpergefühl entwickeln, motorisch geschickter
werden, ist nicht erwiesen. Wenn sich das Baby aber dort

in der Umgebung wohl fühlt, die Instruktorin nett ist und
man ein paar Spielanregungen für zu Hause bekommt, ist
das sicher kein Fehler.

**Ist das normal, dass ich mein Kind dauernd im Sprach-
erwerb trainieren will? Sollte ich das lassen?**
Ein aktives Training à la »sprich mal nach« oder es heißt
»BA-nane« statt »nane« ist nicht notwendig und kann
beim Kind eher ins Gegenteil umschlagen. Kinder haben
in der Regel von sich aus Lust am Sprechen und einen
kreativen Umgang mit Sprache. Gerade bei unserer zwei-
sprachig aufwachsenden Tochter ist es verlockend, sie
abzufragen – »und wie heißt ›Blume‹ auf Englisch« … aber
auch das ist keine Kommunikation, sondern eher
eine Testsituation. Wenn sie nun mal von sich aus fragt,
wie ein Wort auf Englisch heißt, geben wir natürlich
gerne Auskunft.

**Hilft Baby-Gebärdensprache beim Spracherwerbsprozess
oder macht sie eher alles kaputt?**
Ich sehe ehrlich gesagt wenig Sinn dahinter, da eine aufmerksame, dem Kind zugewandte Mutter alle Fähigkeiten
zur Kommunikation mit ihrem Kind mitbringt. Normalerweise macht sich z. B. das Kind durch Weinen oder
Laute bemerkbar, wenn es Hunger hat. Die Mutter nimmt
das Kind hoch und macht die Liste durch: »Na, was ist
los? Fühlst du dich alleine? Ist die Windel voll? Oder hast
du Hunger? Komm, wir probieren es mal mit etwas
Milch.« Das Kind bekommt alleine in dieser Situation
einen reichen Sprachschwall von der Mutter.

Eine extreme Konsequenz des Kurses wäre dann hingegen: Mein Kind beherrscht jetzt das Zeichen für »Milch«, dann gebe ich ihm wortlos die Milch, weil wir uns ja verstanden haben. Das würde die natürliche Kommunikation unterbinden.

Das ist sicher selten, aber man sieht den sprachlichen Vorteil, wenn ich als Mutter auch nicht gleich verstehe, was mein Kind will.

Bringt es was, dass ich meinem Kind jeden Abend vorlese?

Unbedingt! Wobei man allerdings in den ersten Lebensjahren eher gemeinsam Bücher anschauen sollte, d. h. interaktiv Bücher betrachtet als vorliest. D.h., in den ersten Jahren brauchen Bücher noch keinen Text. Erst wenn das Kind die Aufmerksamkeit hat, auch längere Texte zu verfolgen, macht das Vorlesen Sinn.

Ich hatte neulich einen Flyer für Baby-Sprachkurse in der Hand. Sollte ich mein Kind zum Baby-Englischunterricht schicken?

Nur, wenn es allen Beteiligten Spaß macht. Schaden kann es wohl nicht, ein paar englische Lieder und Wörter zu beherrschen. Ob es »was bringt für später«, muss man erst noch wissenschaftlich überprüfen!

Es ist allerdings wahr, dass das Gehirn in dem Alter noch offen ist für alle Sprachen der Welt, insofern ist der Zeitpunkt nicht schlecht gewählt, aber der Input müsste sehr intensiv und langanhaltend sein, um dauerhaft etwas zu bewirken.

Ich erinnere mich an eine Fernsehdoku, in der der deutsche Vater mit seinen deutschen Kindern den ganzen Tag über Englisch gesprochen hat. Macht eine zweisprachige Erziehung überhaupt Sinn, wenn keiner der beiden Elternteile in der Fremdsprache Muttersprachler ist?

Das Kind kann nur maximal so gut in der Fremdsprache werden, wie Sie und Ihr Partner es selbst sind. Das heißt: Akzent, Grammatik, Wortschatz übernimmt das Kind dann beispielsweise von Ihren Englischkenntnissen. Es macht nur Sinn, wenn man die Sprache muttersprachlich beherrscht. Alles andere ist doch auch künstlich. Es geht in der Kommunikation mit dem Kind darum, authentisch zu sein und nicht überlegen zu müssen, ob man jetzt das past tense oder das past perfect nutzen muss.

Liegt da eine Wertung drin, wenn das Kind »Papa« sagt, bevor es »Mama« kann?

Nein, beide Silben »Pa« und »Ma« sind für das Kind gut sichtbar (Mund auf und zu), insofern sind beide Kombinationen früh gut wahrnehmbar und auch sprechbar. Gerade die Silbenwiederholung ist für Kinder interessant. Auch wenn Kinder vor sich hin plappern, nutzen sie oft diese Kombinationen (»babababa«).

Ab wann sagt mein Kind etwas bewusst?

Das ist sicher anfangs nicht klar trennbar, ob das Kind »mamamama« als belanglose Abfolge sagt oder ob es damit Hunger ausdrückt oder wirklich die Mama ruft.

Wie läuft das ab in so einem Sprachzentrum?
Wir haben ja (grob gesagt) zwei – eines zum Verstehen, eines
zum Produzieren von Sprache. Die beiden Zentren kommunizieren über Bündel von Nervenfasern miteinander.

Was hilft einem Sprachzentrum?
Viel Sprache hören, selbst viel sprechen, in bestimmten
Fällen Logopädie.

Was schädigt ein Sprachzentrum?
Ein Schlaganfall, ein Unfall, ein Virus. Alles, was das
Gehirn schädigen kann.

*Wie viel hat Spracherwerb mit Talent und Vererbung
zu tun?*
Das spielt sicher eine Rolle. Auch das ist oft nicht so klar
zu trennen, ob die Kinder viel plappern, weil die Mutter
viel plappert oder weil sie das Talent zum viel Plappern
vererbt haben.

Welche Funktion hat Fernsehen für den Spracherwerb?
Keine. Studien zeigen, dass Babys nichts vom Fernsehen
lernen, sondern nur von realen Menschen. Zeit, die ein
Baby vor dem Fernseher verbringt, ist verlorene Zeit für
andere gemeinsame Aktivitäten, für Zeit draußen und
in der Kommunikation mit anderen.

Und Radiohören?
Vermutlich ist das für Babys eher uninteressant. Es gibt
eine Studie, die zeigt, dass Babys auch nichts von einer

CD gelernt haben, das Gleiche gilt sicher fürs Radio. In einem Alter, in dem Kinder sich für Hörspiele interessieren, kann das schon eine bessere Beschäftigung sein, da sie trotzdem ihre Fantasie einsetzen können und z.B. auch nebenher mit Legos bauen oder rumturnen können. Beim Fernsehen werden viele Kinder sehr steif und verfallen in eine sehr passive Haltung.

Hört ein Embryo was?
Ab der 20. Lebenswoche hört ein Fötus. Schon Tage nach der Geburt reagiert das Baby auf eine Geschichte, die ihm während der Schwangerschaft vorgelesen wurde, oder kann seine Muttersprache von einer Nicht-Muttersprache unterscheiden.

Was ist das schönste Wort der Welt?
Mama.

Geben Sie mir einen Tipp: Was soll ich meinem Kind heute Abend vorlesen?
Ich finde immer noch Bücher wie »Die kleine Raupe Nimmersatt« super (für ein jüngeres Alter). Es ist bunt, grafisch toll, zum Aufklappen und es passiert richtig was. Und es gibt wenig Text, dann kommen Sie nicht in Versuchung, zu viel vorzulesen.

Kapitel 3

Fressflash

Selbstverständlich haben wir die kleine Raupe Nimmersatt schon fuffzigmal gelesen. Die Ecken sind angekaut, der Bund flettert dahin, es wird bald Zeit für eine zweite Ausgabe.

Ich will schließlich all meine frühen Idole, heute verstorben oder vergessen, weitergeben, Nancy Kerrigan, Alf, Whitney Houston, die Raupe Nimmersatt. Allesamt, fällt auf, wenn man ihre Namen so nebeneinander liest, hatten gewisse Probleme mit der Ernährung beziehungsweise haben sich sehr schlecht oder von Müll ernährt.

Genau da reiht sich jetzt auch meine Tochter ein. Die ist jetzt nämlich breifrei. Das hat sie eigenmächtig beschlossen, ohne uns groß zu befragen. Man könnte auch sagen: Sie macht eine Art Atkins-Diät, denn alles, was sie zu sich nimmt, ist ein Brei, der von Stiftung Warentest mit einer 4 bewertet wurde.

Den Pfirsichbrei mit Weizengrieß, den ich eigenhändig hergestellt habe – Grieß gekocht, Butter dazugegeben, unter Fluchen Pfirsich püriert –, hat sie mit dem Ellenbogen vom Tisch gewischt. Den exotischen Brei mit Kaki, Hirse und Mandelmus hat sie zum Schein gegessen und anschließend auf dem Autoschlüssel meines Mannes wieder ausgekotzt.

Maisbrei, Erbsenbrei, die Babybreie »Gemüsespaghetti mit Pute«, »Frühkarotte mit Kartoffeln«, »Buntes Gartengemüse mit Fenchel«, selbst mein handgemachtes Broccoli-Kartoffel-Püree und den Zucchini-Hafer-Brei hat sie angesehen wie Papst Benedikt eine alte Ledertranse. Zum ersten Mal sind in ihrem Gesicht Züge von Arroganz, ja, ich würde sogar sagen: Verachtung aufgetaucht. Moment mal, ich habe diese Kaki in der »Bio Company« für ein halbes Krankenschwesterngehalt gekauft, und ich habe mir beim Pürieren fast die Fingerkuppen weggesemmelt, dachte ich, sagte aber nur »mhmm lecker«, als sei sie ein Huhn, dem man klarmachen müsste, dass das Korn ein ganz interessantes Ding sei. Warum muss ich einem kleinen Säugetier wie meiner Tochter, das doch einen natürlichen Überlebenstrieb in sich tragen müsste, mit so was wie »mhmm lecker« verdeutlichen, wie wichtig Nahrungsaufnahme ist? Und wie kann es sein, dass sie, bevor sie einen Satz mit Subjekt und Prädikat sprechen kann, schon weiß, wie man jemanden mit Blicken fertigmacht? Und wie geht das, dass sie tatsächlich bei allem, was ich ihr aufwendig zusammenkoche, nach einem Probierhäppchen anfängt, zu kotzen? Will sie kotzen, weil sie den minderwertigen Brei möchte, der laut Stiftung Warentest eine gefährliche Zuckerkeule für sie ist? Gut, ich koche höchstens mittelmäßig, für mein eigenes Überleben hat es gerade so gereicht, aber warum fängt sie schon an, sich zu übergeben, wenn ich mich nur an die Herdplatte stelle?

Es ist der Zuckerbrei. Sie hat ihn als ihr Ding auserkoren. Leider kann ich das aus eigener Erfahrung verstehen, habe ich mich doch mal ein halbes Jahr lang ausschließlich von Fertig-Pizza und Schokolade ernährt. Es ist das einzige

Gläschen, das ich von ihr nicht sofort an die Stirn geworfen bekomme. Kein anderes Glas wird angerührt. Alles wird mit angewidertem Gesichtsausdruck vom Tisch gefegt. Nur Mamas Tiefkühlpizza schmeckt meinem Kind aus irgendeinem Grund. Ich mache den Feldtest und probiere mich selbst durch das Babysortiment im Supermarktregal, teste »Vollkornspaghetti mit Pute«, »Pastinake mit püriertem Rind« und »Maisgemüse mit Süßkartoffeln für kleine Genießer« aus dem Glas. Und leider muss ich das Ergebnis meiner Tochter bestätigen: Das Zeug schmeckt scheußlich. Ich kapituliere, meine Tochter hat gesiegt. Wir überspringen die Breiphase! Ab jetzt gibt es feste Nahrung: schonend gegartes Möhrengemüse, weich gekochte Kartoffeln, Hühnchen.

Ich besuche gemeinsam mit meiner Tochter eine »Bio Company«, und weil ich das Publikum hier nicht ertrage, brauche ich erst mal eine Ladung Koffein, um die Laune zu heben, damit ich über alles lachen kann, was hier so rumfleucht.

Ich weiß gar nicht, was ich hier mache. Schlechte Ernährung war mir eigentlich seit jeher grundsympathisch. Ich mochte die dicken Kinder in der Schule, ich mochte Leute, die sich Currywürste wie Wasser reinpfiffen, ich war für mein Leben gern bei meiner Freundin Melli zu Besuch, die sich ihr Essen schon selber machen durfte, eigentlich mehr *musste*, weil ihre Eltern beide berufstätig waren, was hieß, dass es im Wechsel Dr. Oetker Ristorante-Pizza, Wagner Steinofenpizza und Mini-Baguettinis gab. Sie war immer etwas dicklich, besaß einen eigenen Schlüssel und ein selbstverwaltetes Süßigkeitenregal in der Küche. Es war immer proppenvoll. Lauter Sachen mit der Extraportion Milch lagen in ihrem

Regal. Wenn ich bei ihr zu Besuch war, fühlte ich mich wie im vielbeschriebenen Schlaraffenland, in dem man den Mund nur öffnen musste, und ein gesottenes Hähnchen flog hinein. Wir sahen »Super RTL«, und nachts träumte ich davon, auch so einen Schlüssel zu haben wie sie, auch so ein Leben zu haben: allein, mit einem Fernseher und einer Küche voll Zucker und Fett.

Dem gegenüber stand die Familie Wellner mit vier Töchtern, die alle Lisa Simpson ähnelten. Wellners waren schulbekannte Öko-Fundis. Eine ihrer Töchter wollte eine Zeitlang so heftig mit mir befreundet sein, dass ich ihrem Drängen irgendwann nachgab und nach der Schule mit zu ihr kam.

Bei den Wellners bot sich mir ein Bild des Schreckens: eine furchtbare Ökodiktatur. Wie bei den Wellners sähe das Land aus, wenn Hannes Jaenicke es regierte. Die Wellners waren beide halbtags beschäftigte Lehrer, von denen immer einer zu Hause war und das Alnatura-Regiment führte. Wellners hatten ihr altes Bauernhaus selbst saniert und wärmegedämmt. Sie waren eine der ersten Familien, die mit Solarthermik experimentierten. Wenn man das Wasser aufdrehte, dauerte es zwei Minuten, bis es heiß wurde.

Im ganzen Haus, vom Flur bis auf den Dachboden, roch es nach Hirse. Oder zumindest bildete ich mir das ein. Vielleicht war es auch Kleie. Frau Wellner aß für ihr Leben gern Magerquark mit Kleie. Sie war spindeldürr, hatte einen sehr strengen Gesichtsausdruck und verstand keine Späße. Bei den Wellners und ihren vier Töchtern funktionierte die Planwirtschaft der Eltern perfekt. Die Wellner-Töchter waren ebenfalls alle dünn wie Spinnen, verstanden nichts, was man im Kontext gesehener Fernsehsendungen erzählen konnte, hatten keine Ahnung, wer Sailor Moon war, weil sie keinen Fernseher besaßen.

Den ganzen Nachmittag über bei den Wellners hatte ich Hunger. Frau Wellner hatte auf einem Porzellanteller eine kerngesunde Vesper aufgetischt, es gab Vollwert-Honigwaffeln, die so bitter schmeckten, dass sich mein Gesicht zusammenzog. Ich lächelte, faltete die Honigwaffel heimlich und versteckte sie in meiner Hosentasche.

Zum Abendessen sollten wir dann zusammen mit Frau Wellner kochen. Wir banden uns mit Gnomen bestickte Kochschürzen um. Frau Wellner las das Rezept vor:

1 l Milch, Prise Meersalz, 125 g Buchweizen,
20 g Butter, Rübensirup

Die Milch war nicht irgendeine Milch, sondern vom Biobauern im Hofverkauf. Das Meersalz war kein Meersalz, sondern es waren getrocknete Kräuter hereingemengt. Butter ließ Frau Wellner weg, nahm stattdessen ein Schüsschen Leinsamenöl. Was für Zeug hier rumstand, ich hatte vieles davon noch nie gesehen: ein Hefe-Aufstrich namens Vitam-R.

Beim Essen durchlitt ich Höllenqualen, stellte mir vor, ich esse eine Dr. Oetker Ristorante Pizza Hawaii, aber es funktionierte nicht und wurde noch schrecklicher.

Das Problem war, wenn man sich all die Vernunftregeln der Wellners zu Herzen genommen hätte, man verzichtet hätte auf Steaks, Kroketten, Ketchup und Zucker, auf Weißmehl, auf alles, was die Industrie als schmackhaft entwickelt hat, man hätte dafür belohnt werden müssen. Mit einem frischen und vitalen Erscheinungsbild zum Beispiel und reiner Haut.

Das Problem war: Weder Frau Wellner noch ihre Kinder noch ihr Mann hatten reine Haut. Im Gegenteil. Als würde ihr asketischer, übergesunder Lebensstil noch von ihrer Haut bestraft, wucherten im Gesicht von Frau Wellner kleine eitrige Hubbelchen, höchstens so groß wie Mückenköpfe, die ab und zu aufplatzten. Rund um die Nase der Wellner-Töchter taten sich Kraterlandschaften auf. Die ganze Familie hatte tiefe, schwarze Augenringe und war kreidebleich. Und als Herr Wellner nach Hause kam und mir die Hand gab, hatte ich den Eindruck, er habe sich die Handinnenflächen mit Schmirgelpapier getapet. »Ich habe Neurodermitis«, hatte Herr Wellner mir freimütig erklärt und dabei gelächelt, »ist nicht ansteckend.«

Gegen Ende des Essens begann dann eine der im Nachhinein betrachtet schrecklichsten Episoden meiner Kindheit. Erst in kurzen Stößen, dann in langgezogeneren Trompetentönen, und Herr Wellner machte dazu ein bierernstes Gesicht. Niemand in der Runde schien sich daran zu stören, dass ihr Vater furzte. All das Gedörrte, Vollwertige, Kleienhafte im Magen von Herrn Wellner meldete sich, und er machte keine Anstalten, dafür auf Toilette zu gehen. Er blähte es einfach raus. Nie, nie wieder wollte ich diese Familie besuchen.

Mir ist schon klar, dass ich ein wenig traumatisiert bin und bisschen klinge wie Oskar Roehler. Trotzdem fällt es mir immer noch schwer, Bioläden zu besuchen, obwohl ja Bioläden ganz anders geworden sind. Aber hinter jedem Regal sehe ich den Schatten eines Herrn Wellner lauern.

Und dann habe ich sie wiedergesehen. Beziehungsweise: Das, was ich zunächst für eine adipöse Aufschwemmung gehalten habe, die einen ganzen Supermarktgang im REWE Center blockiert und sich über das berühmte Regal mit den Diät-Produkten beugte. Melli. Sie wog mindestens 150 Kilo. Sie hatte ein Doppelkinn, die Haare schienen ihr auszufallen, sie trug einen Mantel, in dem Christo den Reichstag hätte verhüllen können, sie hatte Probleme, ihren Wagen zu steuern, weil ihre Arme nicht lang genug waren und ihr Bauch zu voluminös. Sie stand vor den Diät-Produkten, der freudlosen medizinischen Abteilung des Supermarkts, und schnaufte.

Wie ein Albtraumbild sehe ich sie dort jetzt immer noch stehen und schnaufen. Ich bog um die Ecke und ging, ich hätte es nicht ausgehalten, mich mit ihr zu unterhalten. Ihr Schnaufen habe ich jetzt noch im Ohr, als höbe sie gerade eine Betonplatte in die Luft. Ich weiß nicht, wie es ihrem Herz ging. Und ich wollte es auch lieber nicht wissen. Ich bekam Angst um sie und plötzlich auch um meine Tochter, und während meine Tochter an ihrem Fläschchen saugt und den ausgeschalteten Fernseher betrachtet, stelle ich sie mir in Mellis Statur vor. (In die Breite gewachsen. Mit Doppelkinn.)

Die Produkte, die ich so geliebt habe, all das Zeug, das ich immer noch liebe, waren natürlich blanke Scheiße für Melli gewesen, weil sie nur und ausschließlich dieses Zeug aß. Ihre Eltern hatten ihr diese Scheiße gekauft, weil da prima Sachen draufstanden – halbes Steak, wertvolle Vitamine, Fruchtexplosion –, ich habe mich ja selbst dabei ertappt, wie sehr wir das mochten und wie abstoßend mir die Alnatura-

79

Familie im Nachhinein vorkommt. Aber die kommen wahrscheinlich ganz gut durch Supermarktgänge. Wer ist schuld? Melli? Ihre Eltern? Die Lebensmittelindustrie? Wenigstens haben sich in den letzten Jahren ein paar Dinge herumgesprochen. Leute wie Melli müssten es nur rechtzeitig mitbekommen: Es gibt eine Lebensmittelpolizei. Ich rufe bei Foodwatch an. Anne Markwardt, Expertin für Kindermarketing, steht mir Rede und Antwort.

Gibt es einen »Industriegeschmack«, der Kindern beigebracht wird?
Der Lebensmittelmarkt ist hart umkämpft, die Hersteller versuchen alles, um schon die kleinsten Kunden – Kinder – an sich zu binden. Die Produkte, die man als Kind gerne gegessen hat, mag man sehr wahrscheinlich auch als Erwachsener gerne. Und: Die Lebensmittelindustrie will Kindern (und damit später auch Jugendlichen und Erwachsenen) angewöhnen, ständig zu »snacken« – Süßes, Fettiges, Salziges, am besten Fertigprodukte und vorverpackte Riegel, nicht zu vergessen Süßgetränke wie Brause oder anderes Zuckerwasser. Warum? Weil mit diesen Produkten die höchsten Gewinnmargen erzielt werden. Die Lebensmittelindustrie verdient mit Softdrinks und Süßigkeiten dreimal so viel wie mit Obst und Gemüse. Klar, dass sie es nicht gerade darauf anlegt, Kindern Obst und Gemüse schmackhaft zu machen.

Wie wird dieser »Industriegeschmack« Kindern beigebracht?

Die Industrie ködert Kinder einerseits mit Spielzeugbeigaben und Superhelden auf den knallbunten Packungen, mit Gewinnspielen, Onlinespielen und Werbung auf allen Kanälen. Andererseits machen die Hersteller Lebensmittel selbst zu »Spielzeug«: Mithilfe von Zusatz- und Farbstoffen werden Joghurt oder Getränke knallbunt, prickelnd und »außergewöhnlich«. Dazu kommt Aroma aus dem Labor, das es nur in diesem einen Produkt gibt – und oft jede Menge Zucker. Ergebnis: Der überzuckerte und aromatisierte Erdbeerquark aus dem Supermarkt schmeckt den Kindern besser als ein selbstgemachter, Äpfel und Bananen haben schlechte Chancen. Eltern, die sich weigern, die Industrieprodukte zu kaufen, müssen sich auf nervenaufreibende Diskussionen und Kleinkrieg im Supermarkt einlassen.

Man sagt ja immer: »Kinder sollten Süßigkeiten in Maßen essen.« Was bedeutet das konkret? Wie viel ist noch im grünen Bereich?

Als Faustregel gilt: Eine Handvoll Süßigkeiten pro Tag ist o.k. – wenn die Kinder sich daneben ausgewogen ernähren mit möglichst viel Obst, Gemüse und Vollkornprodukten.

Halten Sie es für denkbar, ein Kind ganz ohne industriellen Zucker aufzuziehen?

Denkbar ist alles, es dürfte jedoch ziemlich schwierig und enorm aufwändig werden, denn dann dürfte ein Kind ja praktisch keinerlei Fertiglebensmittel essen. Eine Handvoll Süßigkeiten am Tag ist im Rahmen einer ausgewogenen Ernährung auch völlig akzeptabel, allerdings muss man dazu auch Produkte wie süße Getränke und süße Frühstücksflocken zählen, und zwar auch dann, wenn sie mit Honig oder Fruchtsüße oder Ähnlichem gesüßt sind. Das Problem ist, dass die Lebensmittelindustrie einerseits Lebensmittel, die eigentlich ausgewogen sein könnten, wie Müsli oder Joghurt zu Süßigkeiten gemacht haben, um besonders Kinder an ihre Marken zu binden, und andererseits versucht, ebendiese Produkte gesundzuwerben, indem sie betont, es sei ja kein Kristallzucker oder nur Fruchtzucker oder Honig enthalten. Die Lebensmittelindustrie muss endlich anfangen, tatsächlich ausgewogene Produkte für Kinder herzustellen und diese auch ohne Irreführung und Tricks zu bewerben. Zucker bleibt Zucker, ein kalorienreiches, süßes Getränk bleibt ein kalorienreiches, süßes Getränk.

Stimmt der Eindruck, dass es immer mehr dicke Kinder gibt?
In Deutschland sind 15 Prozent der Kinder übergewichtig, sechs Prozent sogar adipös, also fettleibig – ihnen drohen Krankheiten wie Diabetes, Gelenkprobleme, Bluthochdruck und Herzerkrankungen. Studien zeigen: Im Vergleich zu den 80er und 90er Jahren ist der Anteil übergewichtiger Kinder um 50 Prozent gestiegen. Allerdings ist Übergewicht nicht der einzige Risikofaktor für spätere chronische Erkrankungen. Wer sich als Kind unausgewogen ernährt, zu wenig Obst und Gemüse isst und stattdessen Süßigkeiten, Chips oder Softdrinks, wird diese Gewohn-

heiten wahrscheinlich auch im Erwachsenenalter bei-
behalten. Das ist ein Gesundheitsrisiko, auch wenn man
nicht übergewichtig ist.

Woran liegt das?

Der wichtigste Grund für das Übergewichtsproblem: Kinder
ernähren sich falsch. Sie essen zu viele Süßigkeiten, fettige
Snacks und Fleisch, trinken zu viel Limonade. Obst und
Gemüse kommen dagegen zu kurz. Die Lebensmittel-
industrie trägt hierfür eine gehörige Mitverantwortung:
Ein umfassender Marktcheck von foodwatch hat gezeigt:
Das Angebot an industriellen Kinderlebensmitteln besteht
fast ausschließlich aus Süßigkeiten und Snacks! Dieses
Junkfood drängt die Industrie den Kindern mit perfiden
Marketingstrategien auf – im Internet, im TV, sogar in
Schulen und Kitas. Gleichzeitig weisen die Hersteller
jede Verantwortung von sich mit dem Standardargument:
Kinder müssten angeblich einfach mehr Sport machen
und Eltern müssten eben lernen, »nein« zu sagen. Das ist
so zynisch wie falsch.

Warum stehen Kinder so auf Zucker?

Fast jeder mag süße Speisen, die Vorliebe scheint angeboren
zu sein. Zucker kann im Gehirn offenbar in etwas schwä-
cherer Form ähnliche Reaktionen wie manche Droge
auslösen. Zumindest deuten einige Studien darauf hin.
Es handelt sich dabei um eine Art glücklich machenden
Belohnungseffekt. Die Werbung tut ihr Übriges: Süßes
wird mit Genuss, Belohnung, Entspannung assoziiert.
Bei Süßem tendieren wir also dazu, häufiger zuzugreifen

und mehr zu essen. Und weil die Industrie so gut daran verdient, bewirbt sie Süßigkeiten auch massiv: Das Budget ist zehnmal so hoch wie jenes für Obst und Gemüse. Das ist auch der Grund, warum es an jeder Straßenecke und an jedem Schulkiosk süße Riegel und Soft Drinks zu kaufen gibt und eben nicht klein geschnittene Möhren. Und das Perfide ist: Lebensmittel speziell für Kinder sind häufig sogar noch zuckriger als Erwachsenenprodukte. Foodwatch hat zum Beispiel Frühstücksflocken verglichen. Ergebnis: Die Flocken, die ganz gezielt für Kinder vermarktet werden, sind im Schnitt 50 Prozent zuckriger als die für Erwachsene!

Wenn Sie einen idealen Speiseplan für einen Tag designen könnten: Was gibt's zum Frühstück? Und was sollte man seinem Kind eher nicht zum Frühstück geben?
Jedenfalls keine völlig überzuckerten Kinder-Frühstücksflocken! Ganz normale Haferflocken sind nicht nur viel günstiger, sondern auch gesünder. Insbesondere mit frischem Obst.

Was zum Mittagessen? Was eher nicht? Was gibt es zum Abendessen? Und was sollte man zum Abendessen eher nicht auftischen?
In Fertiggerichten – auch in jenen für Kinder – stecken häufig nicht nur jede Menge Zusatzstoffe und Aromen, sondern auch oft sehr viel Salz. Zu viel Salz in der Ernährung kann jedoch das Risiko für Bluthochdruck erhöhen. Das ist hochgradig unverantwortlich, insbesondere, weil den Eltern oft gleichzeitig suggeriert wird, die enthaltenen »Vitamine«

oder das »wertvolle Calcium« machten das Produkt irgendwie gesund. Sie werden gezielt hinters Licht geführt.

Welche Produkte sollte man grundsätzlich lieber komplett weglassen?
Eltern sollten grundsätzlich skeptisch sein bei allen Produkten, die ganz gezielt für und an Kinder vermarktet werden. Kinder brauchen – von Baby-Nahrung mal abgesehen – ab einem gewissen Alter keine speziellen »Kinder«-Lebensmittel, sondern können das bekommen, was auch Erwachsene essen. Die Produkte, die die Hersteller bewusst für Kinder anbieten, sind häufig alles andere als besonders geeignet für Kinder, sondern im Gegenteil in der Regel zu zuckrig, zu fettig, zu salzig.

Hilft es was, wenn ich meinem Kind nur Bio-Produkte kaufe?
Bio heißt nicht automatisch ehrlich und gesund. Auch im Bio-Bereich gibt es Hersteller, die überzuckerte Frühstücksflocken gezielt an Kinder vermarkten oder im Supermarkt »Quengelzonen« mit Süßwaren direkt an der Kasse. Flocken mit einem Drittel Zucker werden nicht zu einem ausgewogenen Frühstück für Kinder, nur weil das Getreide ökologisch angebaut wurde.

Das Ekligste, was es auf deutschen Pausenhöfen zu essen gibt? Und was sollte Ihrer Meinung nach stattdessen im Sortiment sein?
Es gibt in Deutschland keine verpflichtenden Qualitätsstandards für Schulverpflegung. Jede Schule kann also

anbieten, was sie will. Schulen müssen Kindern ein gesundheitsförderliches Umfeld bieten. Wo, wenn nicht hier, können sie lernen, wie gut Gemüse oder Vollkorn schmecken können. Das funktioniert aber natürlich nur, wenn gleichzeitig die Süßgetränke aus den Automaten verbannt werden und das Mittagessen auch tatsächlich Gemüse enthält, das schmeckt. Ohne verpflichtende Qualitätsstandards für Schulen wird das nicht passieren.

Welches Produkt für Kinder würden Sie sofort vom Markt nehmen, wenn Sie könnten?
Verschwindet ein Produkt, kommt sofort das nächste auf den Markt. Man kommt dem also nur mit klaren gesetzlichen Regeln bei. Unausgewogene Lebensmittel dürfen überhaupt nicht mehr an Kinder vermarktet werden, weder mit »kindgerechten« Verpackungen noch über die Werbung. Das fordert die Weltgesundheitsorganisation übrigens schon lange. Weltweit sind sich viele Gesundheitsexperten einig: Die Beschränkung von Lebensmittelmarketing an Kinder ist eine wichtige Maßnahme bei der Vorbeugung von Übergewicht und ernährungsassoziierten Erkrankungen. Tatsächlich umgesetzt sind umfassende Beschränkungen bisher nirgendwo, weil sich die Politik nicht mit der Lebensmittelindustrie anlegen will. Aber das dürfen wir nicht länger hinnehmen, wir dürfen die Gesundheit von Kindern nicht aufs Spiel setzen, nur damit ein paar Konzerne noch ein bisschen mehr Umsatz machen dürfen.

Welche Begriffe sind die größte Mogelpackung?

Da gibt es viele ... Hersteller werben beispielsweise gerne mit blumigen Begriffen wie »Premium«, »Natürlich«, »geprüfte Qualität« etc. Das sind alles keine geschützten Begriffe, was wirklich dahintersteckt, kann ich als Verbraucher überhaupt nicht erkennen. Vor allem Produkte, die als besonders gesund angepriesen werden, sind oft eine Mogelpackung – mindestens aber völlig überteuert, wenn man den tatsächlichen Nutzen betrachtet. Gesundheitsbezogene Aussagen, sogenannte Health Claims, sind häufig irreführend und nicht dazu geeignet, eine gesunde Ernährung zu fördern. Da steht dann beispielsweise auf Zucker-Frühstücksflocken vorne groß der Hinweis auf die vermeintlich gesunden – tatsächlich aber künstlich zugesetzten – Vitamine und der Zuckeranteil höchstens im Kleingedruckten auf der Rückseite. Und eine Brause mit Vitaminen ist aber immer noch eine Brause.

Kapitel 4

Innere Sicherheit

Manchmal gehe ich durch die Stadt und mir fallen nur die Verrückten auf. Ein alter Mann, der selbstgesammelte Pilze verkauft und einen Hut trägt, unter dem ihm seine fettigen Strähnen in die Augen fallen. Ich gebe ihm zwei Euro und er bedankt sich auf Französisch.

An anderen Tagen komme ich an seinen Pilzen vorbei, und er schläft. Die Hunde schlecken über seine Knie. Wenn ich ihm seine zwei Euro gegeben habe, antwortet er wieder irgendetwas auf Französisch. Er sieht mich dabei nie an, aber er ist sehr höflich.

Jetzt komme ich mit meiner Tochter an ihm vorbei, und zum ersten Mal steht er auf, und zum ersten Mal sieht er mir in die Augen. Sie sind trüb und rot. Er lächelt. Man sieht jetzt seine große Zahnlücke, und mir fällt jetzt auf, dass er große braune Hautflecken unterhalb des Kinns hat und wie dreckig seine Fingernägel sind. Er riecht süßlich. Er will gerade nach den zwei Euro greifen, als er noch einen Schritt näher kommt und nach meiner Tochter fasst. Ich bekomme einen unglaublichen Schrecken und hüpfe ein Stück zurück. Er versteht das nicht, kommt auf uns zu, langt nach meiner Tochter, um ihr über die Haare zu streichen, aber ich packe sie und renne weg und drehe mich nicht um. Mit dem irren

Gedanken, er könnte uns weiterverfolgen, fahre ich den Kinderwagen atemlos die ganze Straße hoch.

Verrückte sind ein Teil der Stadt, die ich liebe. Ich bin ja selber partiell verrückt. Sie gehören dazu wie Businessmen und Touristen und anatolische Gemüsehändler. Psychotiker, die sich für Straßenbahnkontrolleure halten oder für Erich Honecker, Leute, die auf irgendwas hängen geblieben sind oder an denen etwas hängt und die ein Teil der Stadt sind wie verkehrsberuhigte Zonen. Alle Gesetzesinitiativen, Alkohol in der Öffentlichkeit zu verbieten, alle Junkie-Auskehr-Maßnahmen habe ich immer abgelehnt, und jeder soll sich für den halten, den er gerade im Kopf hat. Verrückte mit Akkordeons, die zu Jay-Z tanzen. Sommer, die ohne die betrunkenen Penner am Gleisdreieckpark nur halb so lustig gewesen wären. Ich habe mich nie bedroht gefühlt.

Jetzt stehe ich atemlos da und kralle mich an den Kinderwagen, will mir die Hände waschen und fühle mich wie der letzte Nazi. In der Zeitung habe ich gelesen, dass der baden-württembergische SPD-Landesvorsitzende Nils Schmid seiner Familie zu Weihnachten Rauchmelder geschenkt hat. Mir gefallen Zäune immer besser, hohe Zäune, Alarmanlagen, Gated Communities. Vor dem Pförtchen zu unserem Haus gucke ich manchmal, ob das Laub noch so geschichtet ist wie vorher. Ich mache mir Sorgen wegen Terrorismus. Ich fand letztens ganz kurz die Vorstellung gut, dass ein Sexualtriebtäter seine Eier abgeschnitten bekommt. Ich benutze zum ersten Mal in meinem Leben Schneeketten am Auto. Ich lerne, welche Inhaltsstoffe in Chicken McNuggets, Red Bull zuckerfrei und im Berliner Leitungswasser sind. Ich bin über Nacht verspießt.

Da mein Mann und ich demnächst beide gleichzeitig arbeiten müssen, brauchen wir einen Babysitter. Ich stelle in meinem Kopf ein Profil zusammen. Es sollte eine Frau sein, auf jeden Fall. Sie sollte über 18 sein und am besten gut Deutsch sprechen. Ich will ja, dass meine Tochter durchgehend mit neuen Worten gefüttert wird. Aber darf ich das überhaupt denken? Was sagt es denn über die Qualität eines Babysitters aus, ob er Deutsch spricht oder Marokkanisch? Auf der anderen Seite: Wenn ich jetzt in der Arbeit stecke und mit meinem Baby ist irgendwas, dann wäre es schon von Vorteil, wenn sie mir am Telefon mitteilen könnte, dass mein Kind von einem Laster angefahren wurde.

Die erste potentielle Babysitterin, die ich treffe, stammt aus Hellersdorf und heißt Mika. Sie studiert Sportwissenschaften und trägt nur ein minzgrünes Shirt, obwohl es draußen regnet. Im Café schüttelt sie sich die Haare aus und bestellt einen laktosefreien Cappuccino. Die Nägel ihrer rechten Hand sind abwechselnd in Purpur und Lila bemalt. Sie sagt, sie liebt Kinder. Ziemlich extrem sogar, sagt sie. Dabei schüttelt sie ihren Kopf nochmal und ein paar Regentropfen fallen auf den Tisch zwischen uns. Ich ziehe meinen Beutel aus dem grünen Tee und merke, wie ich in meinem Kopf ein Phantombild von ihr zeichne. Also wirklich extrem gerne mag sie Kinder und insgesamt Menschen, vielleicht deshalb, weil sie es selbst nicht so leicht gehabt hat die ganze Kindheit über. Ihr »Dad« war nicht wirklich für sie da, und eigentlich hat sie schon ab dem Alter von sechs Jahren auf ihre kleine Schwester mit aufgepasst. Zwischen Leuten, die an ihrem Handy Aktienkurse nachgucken, und einem verliebten Pärchen sitzen wir und reden über Kindheiten und

Traumata und ich bemerke, dass sie am Handknöchel Stempel von Diskotheken trägt. Ich überlege, was für ein Tag heute ist. Es ist Mittwoch. Entweder, sie geht dienstags in den Klub, oder sie hat sich seit Samstagabend nicht mehr gewaschen. Während ich das denke, komme ich mir vor wie meine Mutter. Ich frage sie, was so die Orte sind, an die sie gerne mit meiner Tochter gehen würde nachmittags. Während wir reden, guckt sie immer mal wieder auf ihr Handy. Schließlich klingelt es mit dem Ton »Ich liebe dich, obwohl du scheiße bist, obwohl du richtig, richtig scheiße bist«.

Sie sagt »sorry« und geht ran und telefoniert ungefähr zehn Minuten mit einem Typen. Ich gucke die ganze Zeit verständnisvoll, und weil ich nicht weiß, wohin mit mir, streichle ich meiner schlafenden Tochter über das Köpfchen.

Erst zu Hause fällt mir auf, was mich die ganze Zeit irritiert hat. Ihre Nägel, ihre purpur und lila lackierten Nägel, waren von links nach rechts alle gleich lang, aber der Nagel ihres kleinen Fingers an der rechten Hand war deutlich länger, bestimmt zwei Zentimeter lang. Wie eine kleine Schöpfkelle aus Nagel.

Ich google »kleiner Finger, langer Nagel«. Im PM-Magazin steht, das sei ein alter Brauch, besonders in Asien und Osteuropa. Mit dem langgewachsenen Nagel am kleinen Finger wollten Männer ihrer Umwelt signalisieren, dass sie keine körperliche Arbeit zu verrichten brauchten, das sei dort ein Statussymbol wie hierzulande eine Rolex oder eine Mercedes-S-Klasse. Auf Gutefrage.net behauptet einer, das sei ein klarer Hinweis darauf, dass jemand Gitarre spiele. Ein anderer erklärt, dass der lange Nagel am kleinen Finger besser bekannt sei als »Koksernagel«, den sich die Drogenabhängigen wachsen lassen, um darauf ihr Pulver zu schichten und es sich einzuverleiben, als kleines Löffelchen.

Ich sage Mika ab.

Die nächste Bewerberin ist ein Er, und eigentlich treffe ich mich nur mit ihm, um die Männer nicht zu diskriminieren. Vielleicht liegt es an meiner Erziehung, aber ich versuche im Privaten ein gerechter Staat zu sein. Wenn eine absolut unqualifizierte Transsexuelle, eine Schwarzafrikanerin, eine Hartz-IV-Empfängerin, ein Blinder und eine Amputierte angerufen hätten, wahrscheinlich hätte ich ihnen allen auch einen Termin aus Antidiskriminierungsgründen gegeben. Jetzt also ein Mann.

Er heißt Fabian, hat lange Haare, die sich über den Schultern und in seinem Kapuzenpulli knüllen, Undercut, ein Piercing an der Augenbraue. Mein Blick bleibt sofort am Augenpiercing kleben, ich gucke ungewollt immer wieder auf das silberne Ding am Anfang des Brauenbogens. Meine Tochter liegt zwischen uns auf der Parkbank und guckt ihn ebenfalls an und ich habe den Eindruck, auch sie fixiert das Piercing. Irgendetwas an ihm kommt mir bekannt vor, ich bin mir nur nicht sicher, was, ich glaube, ich habe das Gesicht schon mal gesehen. Jedenfalls ist er 21 und macht ein freiwilliges soziales Jahr in einem Kindergarten und fängt sofort an, davon zu reden, was es im Kindergarten so für soziale Spannungen zwischen den Erzieherinnen gibt; dass sich eine gerade am Kopf verletzt hat beim Fahrradfahren, ihr das aber keiner glaubt, weil man glaubt, dass sie den Dienst schwänzen will; dass eine sich kaum wäscht, die andere permanent rauchen geht, dass eine zu spät kommt, die andere mit Wachsmalstiften nach einem Problemkind geworfen hat, dass er immer derjenige ist, der abputzen muss, wenn ein Kind geschissen hat, dass eines der Kinder sich seit Wochen für Spiderman hält und nichts dagegen getan wird, dass ihm das Basteln von vierzig St.-Martins-Laternen hintereinander und das eintönige tagtägliche Gefüttere von Erbsen-Möhren-Gemüse langsam auf den Magen schlägt und dass er sich das eigentlich alles ganz anders vorgestellt hat. Für ihn war das ja ein Traum, dass er sich mit den Kindern, im Dialog quasi, auch ein Stückweit selbst verwirklichen könnte, dass er mit ihnen malen würde und vor allem singen, er singe ja für sein Leben gern und würde in jeder freien Minute nichts anderes tun. Rock, Pop und Folk.

Wir sitzen in einem Park in Westberlin, und keiner um uns herum macht den Eindruck, als würde er sich selbst verwirklichen, am allerwenigsten ich. Mein Tag fing damit an, dass ich um eine Scheißzeit geweckt wurde, noch vor dem Morgenmagazin; ich spreche auch schon wie der frühe Sven Lohrig: ich spule ab, ich moderiere meinen Tag herunter, ganze Stunden gleiten mir aus den Händen im Dämmerzustand. Und eigentlich hätte ich heute schon einen Babysitter gebraucht, weil sich meine Agentur mit mir treffen wollte. Die Agentur findet, es ginge darum, gemeinsam mal eine grobe Timeline zu entwickeln. Damit ist in meiner Branche gemeint, dass die Zeit drängt und man den Arsch hochkriegen soll. Ich habe aber schon eine grobe Timeline entwickelt, und in den Händen meiner Tochter wird sie zerdehnt wie ein Flitschegummi. In groben Timelines ist Husten nicht vorgesehen, Regen nicht vorgesehen, Möhrenbrei im Armaturenbrett und Kindertobsuchtsanfälle sind ebenfalls nicht vorgesehen.

Fabian fragt jetzt, ob ich rauche, ich schüttle den Kopf, und er sagt, er auch nicht, eigentlich, aber der ganze Stress, der ganze Kopf, den er sich machen muss. Die Scheißlaternen. Er holt ein Päckchen Javaanse Jongens vor und dreht, ohne Filter. Er haucht mir die warme Zigarettenluft ins Gesicht. Es riecht gut, nach Zeltlager. Ich sage, ich habe auch gerade einen ziemlichen Kopf, und er nickt stumm. Die Tauben kommen, gucken uns drei an und picken am heruntergefallenen Tabak herum. Nach meiner groben Timeline müsste ich jetzt zum Savignyplatz fahren und meine Agentur treffen. In genau 15 Minuten müsste ich da sein, unter Normalbedingungen genau richtig, unter Babybedingungen komplett unrealistisch. Ich rufe bei der Agentur an und verschiebe den Termin, und in der Agentur sind alle freundlich wie immer, aber ich höre einen kaum merklichen Unterton, er klingt nach Verständnis, das sich einem Ende nähert. Natürlich würden sie es nie sagen. Man ist ja prima geschult im Umgang mit Eltern in Elternzeit oder Teilzeit. Als Arbeitgeber oder Kollege schwimmt man in Toleranz, das ist eine gelernte Übung, man ist großmütig und akzeptiert selbstredend jede Entschuldigung, die mit dem Kind zu tun hat. Aber ich höre an dem Unterton, dass jetzt eine Erklärung folgen müsste. Ich überlege kurz, sage »Mein Kind«, und sehe schon das Nicken am anderen Ende der Leitung, »Kind« löst spontanes Toleranznicken aus.

»Mein Kind hat Mumps«, entfährt es mir, und heftig wird genickt am anderen Ende der Leitung, »Och Gottchen«, ein paar hilflose, betroffene Worthülsen später legen wir auf und ich habe eine Woche mehr Zeit ohne grobe Timeline.

Ich weiß noch nicht mal genau, was Mumps ist, nur dass

man dicke Backen davon bekommt und dass es hochansteckend ist. Deshalb benutze ich Mumps zu allen möglichen Zwecken. Ich habe es gegenüber meinen Eltern benutzt, als sie Erntedankfest feiern wollten. Ich habe es gegenüber einer Freundin benutzt, die mit mir die »tolle« Kapoor-Ausstellung im Martin-Gropius-Bau angucken wollte. Ich habe es sogar gegenüber meiner Bank benutzt, und die Betroffenheit war groß. Mumps ist ein Segen, er räumt meinen Kalender auf, Mumps ist mein Allheilmittel gegen Termine. Ich lüge, das ist schon klar. Aber es war noch nie so leicht, zu lügen. Es reicht ja meistens schon, »mein Kind« zu sagen, und nur in besonders schwierigen Fällen muss man das noch hinzufügen, »Mumps«.

Als Mumps-Hochstaplerin könnte ich vielleicht sogar am Flughafen mal rechtzeitig an den Schalter kommen, indem ich meinem Baby einen Zettel um den Hals hänge, auf dem in Großbuchstaben steht: MEIN KIND HAT MUMPS. Ich könnte Parks leerfegen und allein auf der Welt leben ohne Termine und ohne den Kopf, den man sich so macht.

Ich frage Fabian, ob ich mir doch eine drehen kann, nehme sein Javaanse-Päckchen und die Papers und versuche, sie aufeinanderzukleben, aber es gelingt mir nicht. Wieso sollte es auch? Ich habe in der Pubertät gerade mal zwei Wochen lang aus Coolness-Gründen geraucht. In diesen zwei Wochen erschloss sich mir jedoch nicht, was daran so toll sein soll, dass man dafür gelbe, löchrige Wackelzähne und die Option eines qualvollen Todes durch Lungenkrebs riskiert. Also ließ ich es wieder bleiben.

Fabian bemerkt meine Hilflosigkeit und dreht mir eine konische Zigarette, die aussieht wie ein Joint. Er fragt, ob ich manchmal kiffen würde. Ich schüttle den Kopf, ich habe mich nie getraut, ich hatte immer Schiss, dass ich so ende wie Ferris MC, aber in diesem Moment mit Fabian auf der Parkbank frage ich mich, ob ich es nicht doch einfach mal ausprobieren sollte, ich denke an Dünen und schlechten Reggae und die Matrix-Trilogie, an timelineloses Herumspinnen und umsetzungsloses Fantasieren von Zukünften. Mehreren.

Vielleicht würde ich sogar meine Tochter besser verstehen, wenn ich bekifft wäre. In manchen Rauschzuständen nähert man sich ja den Umgangsformen und Kommunikationsmitteln eines Babys an. Vielleicht würde ich ihre Euphorie für Autos besser verstehen und ihre Lautmalerei, die Vorliebe für Enten. Wir könnten gemeinsam Spieluhr hören und uns flashigen warmen Haferbrei kochen.

Warum er sich nicht einfach auf die Musik konzentriert, frage ich Fabian. Mit 21 kann man das doch noch machen. Ich finde die Vorstellung absurd, mich mit 21 darum zu kümmern, dass die Kinder während der Mittagsruhe auf ihren Matratzen liegen bleiben.

Er hat es ja schon mal versucht, sagt Fabian. Mit seiner »Zwei Drosseln«-Tournee. Ein halbes Jahr sei er durch Europa gekreuzt ohne Kohle in der Tasche, er habe in Fußgängerzonen gespielt, bei Open-Mike-Veranstaltungen und einmal bei einer Drogeriemarkteröffnung in Belgien. 15, 20, 25 Euro habe er pro Tag gehabt zum Leben. Gepennt habe er in Hostels, der Rest sei draufgegangen für Essen und Gras. Er habe sehr organisiert sein müssen, um irgendwie über den Tag zu kommen, sonst sei am Abend der Knast gekommen, also der Hunger, und mit Hunger kann man nicht einschlafen, und ohne Einschlafen kann man am nächsten Tag nicht spielen, und ohne Spielen hat man keine Kohle.

Selbst auf seiner »Zwei Drosseln«-Tournee musste Fabian unentwegt organisieren, mehr als jeder andere, wird mir klar, und dass der Pilzmann vielleicht gerade darüber nachdenkt, wie viele Pfifferlinge er heute noch verkaufen muss, um sich ein Hostel oder einen Döner zu leisten. Dagegen ist der Kopf, den ich mir mache, natürlich ein Luxus. Ich muss entscheiden zwischen Tagen, an denen ich mit meinem Kind Tauben füttere, und Tagen, an denen ich Geld verdiene, damit mein Kind später mal ein paar Jahre lang Singer-Songwriter sein kann.

Und dann kam die Sache mit der Castingshow, sagt Fabian, und jetzt merke ich, dass ich ihn wirklich kenne aus einer dieser Castingsendungen. Fabian erzählt, dass er zum Casting gekommen sei und zum Recall und sogar bis in eine Show. Und dass ein Fernsehteam bei ihm zu Hause gewesen sei und dass man seine Mutter interviewt habe und er das Piercing rausgenommen habe und seinen Freundeskreis gebeten habe, man möge ihn FAB nennen. Vier Wochen lang Salbei-Tee, Stimmübungen, Atemübungen, Anti-Angst-Übungen. Dann, am Abend der Aufzeichnung, habe er ein paar Mal gekotzt, und er hatte den Eindruck, noch nie so eine dünne Stimme gehabt zu haben wie an diesem Abend. Dann habe er sich einen Joint reingezogen, sei auf die Bühne gegangen, ausgebuht worden, beleidigt, nach Hause gefahren und hat in der Woche danach im Kindergarten angerufen.

Ich stelle mir FAB vor in einer Ausstellung von Damian Hirst, neben einem Haifisch, als Exponat unserer Zeit. Er ist mir sehr sympathisch, zu Hause sehe ich mir seine Videos auf Youtube an. Auch meiner Tochter gefallen sie. Ich wähle fast seine Nummer. Dann google ich Piercing, ich google Gras, ich google Depressionen, ich google Babysitter, Kinder, Männer, ich google den halben Abend und sage ihm ab.

Es ist ein Krampf. Ich wollte nie so sein wie gerade. Ich mache eine widerliche Fleischbeschau. Am Ende wird ein quietscherosa Mädchen aus Charlottenburg gewinnen, weil mir ihre Perlenohrringe Sicherheit vermitteln. Sie wird mit meinem Kind auf sauber abgemähte Spielplätze in Westend gehen. Mein Kind wird in sauber abgemähten Privatschulen in durchgentrifizierten Null-Problem-Gegenden lesen lernen. Ich halte mich für einen modernen, aufgeklärten Menschen und schirme meine Tochter ab. Vor Verrückten. Vor Drogensüchtigen. Vor Labilen. Vor Verkehrslärm. Vor 2013.

Aber irgendwann kriegt sie mit, dass 2013 ist. Beziehungsweise 2023. Sie wird zum ersten Mal in ihrem Leben von einem Penner angefasst werden, sie wird vielleicht Kokain von einem Nagel schniefen oder zumindest Gras mit Javaanse Jongens kiffen. Sie wird enttäuscht werden und betrogen. Irgendwann werde ich Realität reinlassen müssen in ihr Leben. Aber nicht jetzt. Nicht heute. Heute ist noch Maiglöckchenzeit.

Es soll ja gut sein, wenn man als Höhenangst-Patient auf den Nanga Parbat steigt. Ich frage eine Frau, bei der so ziemlich all das eingetreten ist, wovor ich Schiss habe.

Sie hat ihre Tochter verloren. Einmal, zweimal, immer wieder, mit 13 Jahren fing sie an zu kiffen, dann kamen die

Partydrogen, Kokain, die volle Palette Sucht und Absturz. Ulla Rhan war von jetzt an verdonnert, ihrer Tochter nachzujagen, in einen Experten- und Literaturkosmos zu geraten, der sich immer um die gleiche Frage drehte: Wie bekomme ich sie zurück? Wie muss ich mich verhalten, um den Kontakt zu meinem Kind wiederherzustellen? Was schreibt man da auf ein Post-it? Ich muss geduldiger sein? Ich muss strenger sein? Ich muss selbst koksen, um sie zu verstehen?

Das Buch von Christiane F. lag schon als Kind mit Eselsohren unter meinem Bett. Immer noch gruselt mich nichts mehr, als die Kontrolle zu verlieren über mich und meine Ambitionen, meine Wünsche. Wenn ich irgendwo eine Spritze rumliegen sehe, muss ich mich übergeben, und seit meine Tochter da ist, hat sich meine Angst potenziert. Ob ich da irgendwie eine Garantie kriegen kann, dass sie unter gar keinen Umständen eine Christiane F. wird? Kann ich sie fernhalten von diesem Spaß, sich selbst zu zerstören? Oder hat das einfach mit Zufällen zu tun, und ich kann mich nur für den größten möglichen Unfall vorbereiten?

Schon das Interview mit Ulla Rhan macht mich nervös. Ich denke ein paar Mal darüber nach, ob ich es absagen soll. Aber ich komme zum Schluss: Wenn sie das überstanden hat mit ihrer Tochter, Bücher darüber schreiben kann und sogar eine Praxis gegründet hat für die Eltern suchtgefährdeter Kinder, ist sie vielleicht ein guter Zeuge gegen meine Angst.

*Frau Rhan, ich bin ein ängstlicher Mensch und mache
mir viele Gedanken darüber, was mit meinem Kind so
Apokalyptisches passieren könnte. Mal in einem Bild
zusammengefasst: Was ist mit Ihrem Kind passiert?*
Lassen Sie mich eines vorwegschicken: Obwohl wir heute
in einer Zeit des relativen Friedens leben und unsere
Kinder meist sehr viel behüteter aufwachsen als früher,
habe ich den Eindruck, dass sich viele Mütter jetzt
mehr denn je vor der Welt da draußen fürchten. Ich will
nicht spekulieren, ob das allein an der Medienbericht-
erstattung liegt oder daran, dass wir zu viele Krimis
schauen, aber es bringt niemanden weiter, wenn ich
auch noch daherkomme und Schreckgespenster aus
dem Ärmel zaubere.

Erich Kästner hat einmal gesagt: »Das Leben ist immer lebensgefährlich.« Und liegen nicht genau in dieser
Gefährlichkeit die Spannung und der Reiz, die dem
Alltag oft fehlen? Das gilt nicht nur für uns Erwachsene,
sondern auch für Kinder.

Das, was ich mit meiner Tochter erlebt habe, würde
ich nicht als apokalyptisch bezeichnen. Sie hat sich mit
13 Jahren aufgemacht, um ihre Grenzen auszutesten,
und für sich beschlossen, dass ihr dabei Drogen den größtmöglichen Nervenkitzel und Lustgewinn bereiten. Dass
sie dabei sehr schnell auf die Schiene der Abhängigkeit
rutschte, mit allen Konsequenzen, die das hat, empfinde
ich als tragisch. Es hat uns sehr gefordert. Aber die
Welt ist nicht untergegangen, und zum Glück leben
wir alle noch.

*Wann hatten Sie erstmals das Gefühl: Jetzt verliere
ich die Kontrolle über sie? Über die Situation?*
Das war der Moment, in dem sich unsere Tochter, als
wir sie gegen ihren Willen zur Drogenberatungsstelle
schleppten, während des Gesprächs entschuldigte, um zur
Toilette zu gehen und nicht wiederkam. Sie war durchs
Fenster gestiegen und blieb danach drei Tage und Nächte
verschwunden.

*Haben Sie mal hingeschmissen und gesagt: Mach den
Scheiß ohne mich, ich bin mit meiner Kraft am Ende?
Ich trete von meinem Amt als Mutter zurück?*
Wenn eine Jugendliche Drogen missbraucht, kann das die
familiäre Balance ziemlich aus dem Lot bringen. Das ist
für alle Beteiligten nicht leicht zu meistern. Für jeden von
uns war irgendwann die Grenze des Aushaltbaren erreicht,
für Linas jüngere Schwester genauso wie für uns als Eltern.
Kaum zu ertragen war, wenn ich tagelang nicht wusste, wo
sie sich gerade aufhielt. Aber noch bitterer war, wenn sie
mit irgendeiner ihrer immer höchst kreativen Ausreden
Geld von mir zu ergaunern versuchte. In solchen Augen-
blicken war mir klar: Ich bin jetzt für sie exakt die zehn
Euro wert, die sie von mir haben will. Sage ich nein, ist
mein Wert null.

Trotzdem: Von meinem »Amt als Mutter« zurücktreten?
Auf den Gedanken bin ich nie gekommen. Ich halte es
eher mit Khalil Gibran, der sagte, Kinder seien Leihgaben.
Als Lina längst volljährig war, unternahmen wir einmal
gemeinsam eine kleine Reise. Wir kamen an einem
Samstag zurück, und in dieser Nacht hatte sie Geburtstag.

Wie ich sie am Taxistand neben mir stehen sah, fiel mir auf, wie gut sie nach dieser »Feierpause« aussah, wie gesund, wie erholt. Ich wusste, dass sie sofort wieder losziehen würde. Und da dachte ich: Genau so in diesem guten Zustand gebe ich sie jetzt an den Kosmos zurück. Sie ist mein Kind, wird immer mein Kind bleiben. Aber aus meinen Fittichen habe ich sie entlassen. Für mich ist sie seither erwachsen.

Wann haben Sie das erste Mal gedacht: Meine Tochter wird kein einfaches Kind?
Bei der Frage muss ich schon ein wenig schmunzeln. Ich würde sagen: Als ich sie zum ersten Mal im Arm hielt. Aber im Ernst. Sie war das, was man heute als »Schreikind« bezeichnet. Und »pflegeleicht« wurde sie auch in späteren Jahren nie. Ich weiß noch, dass wir immer sagten: »Sie ist gerade in einer schwierigen Phase.« Bis wir irgendwann merkten, dass die Phasen sich ohne Pause aneinanderreihten. Doch so schwierig Lina sein mochte, sie war zugleich das sonnigste Kind, das man sich denken kann: mutig, ja draufgängerisch, kommunikativ, neugierig, immer auf der Suche nach Abenteuern. Womit wir wieder bei Erich Kästner wären.

Wappnet man sich, wenn man feststellt, dass eine schwierige Phase die andere ablöst, sofort mit Literatur, Tipps, Hilfe von außen?
»Man« vielleicht schon. Ich eher nicht, zumindest nicht in den ersten Jahren. Als mir klar wurde, dass Lina ein Drogenproblem hat, änderte sich das. Anfangs bin ich in

einen fürchterlichen Aktionismus verfallen: Bücher, Fach-
artikel, Erziehungsberatung, Drogenberatung ... ich habe
alles ausprobiert in der Hoffnung, dass irgendein »Experte«
Lina »zur Besinnung« bringen könnte. Es ist, als hätte ich
laufend Fallnetze gespannt, wie Trapezkünstler im Zirkus
sie haben. Aber egal, was ich machte, Lina ließ sich
nicht fangen. Sie kletterte immer wieder über den Rand.
Der Abgrund schien sie magisch anzuziehen.

**Haben Sie mal eine der Drogen probiert, um raus-
zufinden, was im Kopf Ihrer Tochter passiert?**
Ja. Es liegt mir absolut fern, Rauschmittel in irgendeiner
Weise verherrlichen oder schönreden zu wollen, aber ich
weiß seither: Wäre ich bei diesen Selbstversuchen in Linas
Alter gewesen, hätte ich mich womöglich auch verführen
lassen. Das Tückische ist: Drogenerfahrungen können sehr
faszinierend sein, so faszinierend, dass manche Menschen
bereit sind, einen hohen Preis dafür zu zahlen, sie immer
und immer wieder zu haben. Darin genau liegt ja ihr
Suchtpotenzial.

**Aus Ihrer Expertenerfahrung: Wann und wie sollte ich
meine Tochter über Drogen aufklären?**
Ich finde, eine Aufklärung sollte nicht punktuell zu einem
bestimmten Zeitpunkt erfolgen und sich allein auf
»Drogen« im Sinne von illegalen Substanzen konzentrieren. Alkohol, Nikotin, Medikamente, Fernsehen,
Computerspiele, Smartphones – letztlich kann alles, was
dem Menschen angenehme Gefühle bereitet und Spaß
macht, im Übermaß genossen in die Abhängigkeit führen.

Kinder müssen darum generell lernen, wie sie für sich das richtige Maß im Leben finden können. Ganz wichtig ist dabei das Vorbild der Eltern.

Das klingt nach einer Binsenweisheit, und es ist ein Satz, den ich damals bei meinen Kindern schon perfekt verinnerlicht hatte. Nur hatte ich nie hinterfragt, was eigentlich mit einem guten Vorbild gemeint ist. Ich dachte, es ginge darum, meinen Kindern im Alltag die altbewährten leistungsorientierten Tugenden vorzuleben, nach dem Motto: Schaffst du was, dann wirst du was. Mein Alltag war der pure Stress, so perfekt lebte ich nach dieser Devise. Eines Tages saßen wir dann im Freundeskreis zusammen und irgendjemand fragte Lina: »Na, willst du nicht auch mal Autorin und Übersetzerin werden wie deine Mama?« Sie überlegte eine Weile, reckte trotzig das Kinn vor und sagte: »Nö, da werde ich lieber Putzfrau!« Toll, nicht wahr? Das Vorbild, das ich ihr vorgelebt hatte, war das einer arbeits- und perfektionssüchtigen Super-im-Business-super-im-Haushalt-super-in-allem-Mutter, die mit ewig heraushängender Zunge durch den Alltag hechelt. Kein Wunder, dass sie da nicht mitmachen wollte.

Um auf Ihre Frage zurückzukommen: Natürlich sollten Sie mit Ihrer Tochter über Süchte reden, über die stoffgebundenen (bei denen eine Substanz konsumiert wird) und die stoffungebundenen (bei denen sich eine Abhängigkeit zu einer Verhaltensweise entwickelt). Noch wichtiger aber ist, sich erst einmal selbst mit dem Thema auseinanderzusetzen. Wenn Sie eine Schwäche für Schokolade haben (um nur ein Beispiel zu nennen) und auch schon mal eine ganze Tafel auf einen Sitz verschlingen, dann tut das Ihrer Vorbildfunktion nur dann Abbruch, wenn Sie unehrlich damit umgehen. Sagen Sie Ihrem Kind: »Ja, ich habe diese Schwäche. Ich weiß, wie ungesund das ist, aber es fällt mir trotzdem schwer, nein zu sagen.« Dann weiß es, dass Ihr Verhalten in diesem Fall nicht beispielhaft ist. Wenn Sie nicht heucheln, behalten Sie Ihre Glaubwürdigkeit, so dass Ihr Kind Ihnen vielleicht auch ein andermal zuhört, wenn es wirklich darauf ankommt.

Wie reagiert man am besten, wenn man erfährt, dass das eigene Kind süchtig ist?
Der Verdacht, dass ein Kind ein Problem mit legalen oder illegalen Drogen haben könnte, entsteht meist, wenn seine schulischen Leistungen abfallen oder es den Unterricht schwänzt. Vielleicht hat man es auch im Rauschzustand angetroffen oder irgendwelche Substanzen bei ihm gefunden. Bei Eltern ist in dieser Situation oft der erste Impuls, mit Verboten oder Strafen zu reagieren oder aber ihr Kind zu Terminen bei allen möglichen Einrichtungen zu vergattern. Damit aber schlägt man die Türen eher zu, als sie zu öffnen.

Ich kann nur empfehlen, nicht gleich in Panik zu verfallen. Die beschriebenen Verhaltensweisen sind noch lange kein Beweis dafür, dass es sich wirklich um eine Abhängigkeit handelt. Sucht ist ein ausgesprochen komplexes Geschehen. Wenn Sie sich diesbezüglich Sorgen machen, kann ich Ihnen nur empfehlen, selbst eine Drogenberatungsstelle aufzusuchen und sich dort zu informieren und beraten zu lassen. Dort wird man Ihnen

helfen, die Situation sachlich einzuschätzen und nach
Möglichkeit mit Ihrem Kind ins Gespräch zu kommen.
Drogenberater sind Praktiker. Sie haben tagtäglich haut-
nah mit der Problematik zu tun. Sie kennen die jeweils
aktuellen Szenen, Konsumgewohnheiten und Substanzen.
Holen Sie sich die Hilfe bei diesen Profis!

*Was glauben Sie, wie kann man verhindern, dass ein
Kind in solche Lebensumstände kommt? Kann man das
überhaupt aktiv verhindern?*
Es gibt kaum Eltern, die sich diese Frage nicht stellen. Die
Antwort ist vielschichtig und wird am besten von einer
Anti-Liste wie der folgenden auf den Punkt gebracht:

- Hören Sie Ihren Kindern nie zu, sprechen Sie über sie,
  aber nicht mit ihnen.
- Lassen Sie sich beim Fernsehen nicht von den Anliegen
  Ihrer Kinder stören
- Lassen Sie Ihre Kinder keine Erfahrungen mit Müdig-
  keit, Kälte, Kränkungen, Abenteuern, Fehlern, Proble-
  men etc. machen
- Klären Sie Ihre Kinder über die Gefahren von illegalen
  Drogen auf, während Sie selbst uneingeschränkt rau-
  chen und trinken
- Vermeiden Sie familiäre Traditionen, auf die sich Ihre
  Kinder freuen könnten
- Investieren Sie Ihr Geld immer in den Kauf von Sachen,
  nie in gemeinsame familiäre Aktivitäten
- Erzählen Sie Ihren Freunden in Anwesenheit Ihrer
  Kinder, wie toll Ihre Kinder sind und dass Sie erwarten,
  dass sie immer gewinnen

- Zeigen Sie Ihren Kindern, dass man bestimmte Gesetze unseres Landes nicht beachten muss, weil deren Überschreitung bloß ein Kavaliersdelikt ist.

Was war der glücklichste Tag mit Ihrer Tochter?
Nach meiner Erfahrung gestaltet sich das Zusammenleben mit Kindern eher von Augenblick zu Augenblick. Selbst an einem wunderbaren Tag können dicke Tränen kullern. Lachen und Weinen liegen oft sehr nah beieinander. Die glücklichsten Momente mit meiner Tochter also: Wenn sie als Baby mit ihren winzigen Händen die Konturen meines Gesichts erforschte; wenn sie nach stundenlangem Weinen endlich in den Schlaf finden konnte. Als sie ihr erstes Wort sagte, obwohl es ein Nein war. Wenn mein Mann und ich »Männchen flieg« mit ihr spielten und ihr Lachen so ansteckend war, dass uns die Tränen kamen. Dass ich sie einmal, als sie in einem Fischteich fast ertrunken wäre, im letzten Moment am Schopf packen konnte und wie sie später an diesem Tag bei der Brotzeit auf der Hütte neben mir saß, nur in meinem Pullover, weil ihre Kleidung pitschnass war. Das Glück, sie doch noch zu haben! Und später, in den schwierigen Jahren: Wenn sie mich anrief von irgendwo und nichts von mir wollte, außer meine Stimme zu hören. Wenn wir uns trafen, um zusammen einen Kaffee zu trinken und ein bisschen zu reden und ich am Ende darauf vertraute: Egal, was passiert, sie geht ihren Weg.

Kapitel 5

Start-up

isher habe ich alle beruflichen Reisen mit dem Auto erledigt. So musste ich nicht mit Kind, Babyschale, Kinderwagen, Stillkissen, Reisemobile, Wickelunterlage, Windeln, Spieldecke, Schnullern, Trinkflaschen, Spucktüchern, Wechselkleidung etc. fliegen. Aber heute habe ich einen Termin in München. Vorher habe ich gebettelt: Können wir das nicht am Telefon machen? Ich bin gerade Kuh. Ich muss meine Milch gerade pünktlich geben – hätte ich hinzufügen können. Hab ich aber nicht, mein Flehen wurde nicht erhört.

Seit dem 11. September ist jeder am Flughafen der letzte Vollidiot, und insbesondere darf niemand größere Mengen Flüssigkeiten mitnehmen. Das hat ja gute Gründe, also trinkt man vorher noch die 1,5-Liter-Flasche Sprite leer. Aber mit Kind entsteht eine Sondersituation, besonders, wenn man gerade Milch produziert. In der Kuh-Phase ist.

Ich musste also mitten in der Stillzeit, mitten in der Kuh-Phase, nach München fliegen. Als Kuh auf Reisen muss man sich in der Frequenz, in der das Kind an der Brust trinkt, also alle zwei Stunden, mit einer Milchpumpe die Milch abpumpen. Meine Milchpumpe sieht aus wie ein Beatmungsgerät oder ein krankes Sexspielzeug, eine klinische Apparatur mit

Saugnäpfen für die Brüste und Schläuchen, durch die meine Milch in einen Behälter fließt.

Die Pumpe macht unangenehme Geräusche, weswegen ich beim Pumpen auf öffentlichen WCs unentwegt die Klospülung betätige, in der Hoffnung, dass durch das Klospülungsgeräusch niemand das peinliche Pumpgeräusch hört, das auch das Geräusch eines kranken Sexspielzeugs sein könnte. Draußen wartet ungeduldig meine Reisebegleitung, weil gleich Boarding ist und ich immer noch pumpe.

Später an der Kontrolle merkt der aufmerksame Mitarbeiter der Flughafensicherheit natürlich, dass man Flüssigkeit in den Flieger schmuggeln wollte, und sagt tonlos »das darf nicht mit«. Jetzt hätte man die Möglichkeit, eine Diskussion anzuzetteln, den Flughafenmitarbeiter für die regressive Geburtentwicklung verantwortlich zu machen, einen Shitstorm gegen die Fluggesellschaft zu starten, zu argumentieren, dass man nur eben mit dem Handgepäck nach München fliegen wollte und das ganz wertvolle Milch mit Eiweiß, Kohlenhydraten, Immunglobulinen und Enzymen und Vitaminen ist und nicht irgendeine Sprite und dass man sich mit der Muttermilch eher keine Bombe bauen möchte, um damit das Flugzeug in die Luft zu sprengen. Oder man kippt die Muttermilch einfach weg.

Ich entscheide mich für das Wegkippen und das Verstecken von Stress und Aggressionen. Ich will mich nicht als mütterlicher Wutbürger aufführen, auch nicht, wenn ich durch die starke Überproduktion der Milch durch Trinken und Abpumpen ständig in der Angst lebe, die Milch könnte während einer Moderation, während eines Interviews oder meinem Termin in München austreten und zum Thema werden. Lieber wechsle ich die Einlagen und bin froh, wenn es überstanden ist, gepeinigt zwischen den normalen berufstätigen und Nicht-Behinderten und ein Teil von ihnen. Ich fliege also pumpend nach München, während mein Mann unsere Tochter in meiner Abwesenheit mit bereits Abgepumptem versorgt.

Zurück in Berlin geht die Babysittersuche weiter. Die letzte Bewerberin auf den Babysitterjob, die ich treffe, ist Juliane. Sie ist selbst Mutter. Ihr Sohn ist vier Jahre alt, hat lange blonde Haare und heißt Karl. Das ist ein typischer Name für ein Kleinkind aus dem Stadtteil, in dem Juliane mit ihrem Mann in einer Eigentumswohnung mit Parkblick und Carport lebt. Karl, Alexander, Otto, Hans, Ernst, Friedrich. Die Hitliste der Prenzlauerberg-Vornamen klingt wie der gesamte neunteilige Vorname von Karl-Theodor zu Guttenberg.

Karl schielt, aber nur, wenn er was aus der Nähe betrachtet. Er ruft auch ganz laut, wenn man ihm direkt gegenübersteht. GUTEN TAG!, brüllt er mich an und gibt mir die linke Hand. Er trägt ein Spiderman-T-Shirt mit Leuchtapplikation. Er hat einen eigenen Rucksack, aus dem er einen halben Apfel und ein Werther's Original kramt und meiner Tochter anbietet.

Karls Papa arbeitet in der Charité als Arzt. 3k Netto, sagt Juliane, die Abkürzungen mag. EBK, KITA, ETW. Juliane hat künstliche Fingernägel, trägt enge Jeans und ein etwas zu knappes Shirt von Zara. Juliane hat ein bisschen zu viel Parfum draufgemacht, sie sagt, sie ist aufgeregt, es ist ja ein richtiges Vorstellungsgespräch, sie habe sogar ihren CV dabei. Ich seh mich eher nicht als Arbeitgeber, sage ich, weil ich auf keinen Fall in ihren Lebenslauf gucken will, um herauszufinden, ob sie ein guter Babysitter ist.

Juliane kommt aus Hannover, sie vermisst das auch richtig, den Maschsee und vor allem Karls Großeltern. Die lassen sich kaum blicken, jede Woche kommt ein Paket mit Zeugs, das für ihn viel zu klein ist. Und das bringt dann nun auch nicht allzu viel. Portoverschwendung. Aber man kann es ihnen nicht übel nehmen, der Karl wächst ja, als hätte man ihn gedüngt, man kauft quasi jede Woche ein neues paar Schuhe, und was kosten so ordentliche Goretex? Man will ja auch keine Schuhe kaufen, die nach einmal rabaukig draußen spielen schon auseinanderfliegen, sagt Juliane.

Sie hat sich selbstständig gemacht, Webdesign, aber es läuft nicht so gut. Der erste Kunde war eine Metzgerei. Die wollten, dass die Auslage mit dem Mett möglichst ansprechend präsentiert wird. Da hat Juliane einen Produktfotografen engagiert, der einen ganzen Vormittag die Wurst fotografiert hat, bis die Verkäuferinnen sich beschwert haben, das keiner mehr was kaufen will. Das war die erste Irritation, und es ging dann weiter, als die Rechnung vom Produktfotografen kam, der 850 Euro wollte für die paar Fleischfotos, mal ganz ehrlich, dann hätte ich sie mir auch von Picasso malen lassen können oder Jonathan Meese, findet Juliane.

Der zweite Auftrag war ein Kurzfilmprojekt von einer Filmhochschule, eine Doku über die Hausnummer 14. In ganz Berlin seien die unterwegs gewesen und hätten bei Leuten mit der Hausnummer 14 geklingelt und sie interviewt. acht Stunden lang sei der Film insgesamt, teilweise aber ohne Ton, weil der Ton-Assi ein paar Mal nicht so auf

Zack war. Die seien da mit einem Vertrag auf sie zugekommen, der ihr ein paar Prozent der Einnahmen im Erfolgsfall zusichern würde, sie habe 14 Wochen dran gearbeitet, denen richtig was zusammengezimmert, mit Flash und eigener E-Card-Funktion und einer animierten Haustür. Aber wegen des Ton-Assis sei das Ding jetzt perdu und unverkäuflich und sie säße auf ihren Unkosten. Heizung, Strom, Wasser, die EBK abzahlen, Vattenfall wird ja auch immer teurer, ob ich mich für das Volksbegehren interessiere?

Mir ist das Volksbegehren in diesem Moment relativ egal. Irgendwie wird mir warm ums Herz, wenn sie rechnet und kalkuliert, nicht aus Geiz, sondern damit alles aufgeht. Und dass sie jetzt im Kirchenvorstand der evangelischen Kirche kandidiert, erzählt sie, auch wenn das rein monetär Zeitverschwendung ist. Wenn ich Lust hätte, könnte ich doch mal mitkommen, es gäbe einen prima Kindergottesdienst, auch wenn der Karl die Geschichten da noch nicht verstehen würde, irgendwie gäben ihr die ganzen Dinge so eine Sicherheit, und Sicherheit, die braucht sie.

Deshalb hatte sie die Idee mit dem Babysitten, ist ja bei ihr auch noch nicht so lange her, sie weiß ja noch, wie das alles geht. Nicht? Sie sagt immer »Nicht?«, wenn sie eigentlich einen Punkt machen will. Wir treffen uns im Kindercafé, nicht?

Sie hat das sofort als Treffpunkt vorgeschlagen, als sei es das Normalste der Welt. Ich bin zum ersten Mal in einem Kindercafé. Das gehörte für mich bisher zu den No-Go-Areas, ich stellte es mir vor wie eine Kinder-Geflügelfarm: Je mehr von ihnen sich auf engem Raum befinden, desto weniger konnte ich damit umgehen.

Im Eingangsbereich mussten wir uns die Schuhe ausziehen. Unter der Garderobe standen bestimmt hundert paar Schuhe, Elternschuhe und Kinderschühchen. Wir zahlten 2,50 Euro Eintritt »pro Kind«. Zum ersten Mal musste ich irgendwo überhaupt Eintritt für mein Baby bezahlen, das ja noch nicht mal ein Kind ist, aber drüber zu diskutieren, wäre ein noch schlimmerer Absturz gewesen.

Ich versuche ja sowieso immer, mein Kind als einen Teil der Normalität hinzunehmen und nicht geltend zu machen. Zu furchtbar finde ich die Blicke von Eltern, die erwarten, dass man ihr Kind »süüß« nennt. Das ist ein furchtbarer Blick, needy, irgendwie entrückt von der Normalität.

Im Kindercafé hing eine Galerie selbstgemalter Bilder; auf einem Laminatboden lagen Schafsfelle, in mehreren Spielzonen türmten sich die Angebote zum kreativen Austausch der Kleinsten, und an den Rändern, auf knapp abgemessenen Sofas, saßen die Eltern und tippten auf Handys, lasen in Zeitungen und unterhielten sich. Beim Anblick der Zeitung lesenden Väter verstand ich, was das Besondere an diesen Einrichtungen war. Während sich die Kinder in der Mitte des Raumes miteinander verknäuelten, sich streichelten, schlugen, diskutierten, also eine Art griechische Polis bildeten, konnten die Eltern am Rande für einige Minuten chillen.

Im Hintergrund sah ich schemenhaft, wie ein behinderter Junge gerade ein iPhone in seinem Rachen verschwinden ließ. Eine kleine Rutsche führte in ein Bällebad mit zwei herrischen Mädchen, es wimmelte von Holztierchen und Latte-macchiato-Gläsern, iPads, Mützchen, Tees, Stimmen, Schreien und Geknabber, und ich fand es gar nicht mal so schlecht.

Juliane sagt, seit Karl neuerdings Fahrrad fährt, geht alles leichter. Karl sei ein sehr guter Fahrradfahrer, er halte an jeder Garageneinfahrt, gucke links-rechts-links, ob ein Auto kommt, er trage einen gelben Sturzhelm und fahre ein Tigerenten-Fahrrad mit Hupe. Karl habe früher vor allem und jedem Angst gehabt, aber mittlerweile traue er sich ins tiefe Wasser, klettere auf Bäume, füttere im Wildpark die Rehe und erfinde Monstergeschichten. Sie sei sehr glücklich mit Karl, sagt sie und fährt sich mit ihren künstlichen Fingernägeln durch die Haare. Ich mustere sie. Ihre Schatten unter den Augen wirken nicht bedrohlich, sondern wie die von einem Menschen, der gut feiert und gut arbeitet. Ein *Business Punk*, sozusagen.

Weil das mit dem Webdesign nicht so gut läuft – will Juliane sich jetzt erst mal mit dem Babysitten über Wasser halten. Sie glaubt, es kann nicht schaden, wenn ein älteres Kind dabei ist, Karl würde bestimmt einen guten Einfluss auf meine Tochter haben. Ich stelle mir vor, dass meine Tochter mit einem Tigerenten-Fahrrad durch Prenzlauer Berg fährt und mir eine Monstergeschichte erzählt. Ich sehe die Webdesigner, Drehbuchautoren, die ganzen *Nido*-Leute hinter ihren aufgespannten Zeitungen und in der Mitte diesen Pulk namens Kinder, und ein bisschen vergeht mir die Angst.

Es wird ja genug darüber diskutiert, wie Eltern auszusehen haben. Ob sie uniformiert sein dürfen, alle mit denselben Bugaboos an denselben Plätzen dieselben Rutschen herunterrutschen. Ob es okay ist, dass jetzt alle in dieselben Biosupermarktketten gehen und ihr Kind in die musikalische Früherziehung geben. Ich weiß auch noch nicht so genau, wie ich es finde, dass ein ganzes Stadtviertel dasselbe Leben führt – wie in Prenzlauer Berg, dem Disneyland für linksliberale Eltern. Aber das wird in der Techno-Szene der 90er auch nicht anders gewesen sein, und die glühendsten Prenzlauer-Berg-Hasser leben ja auch in ihrer folkloristischen Lesben-WG in Kreuzberg, trinken Tee und sind zu festen Uhrzeiten und Jahrestagen gegen den Staat, weil irgendwann jemand damit angefangen hat.

Karl guckt sich jetzt meine Tochter an, fasziniert von ihrer Regungslosigkeit. Irgendetwas nimmt sie sicher gerade auf, und beim Aufnehmen ist sie immer sehr ruhig.

Karl hat eine interessante, irgendwie komplizierte Sprache. Er sagt »Es war einmal« und »jedoch«, »Gauner« und »Blödeln«. Er fragt, ob es tot ist, das Kind, weil es nur guckt, und ich sage, das ist gerade eine Phase, es nimmt alles in sich auf. Auch Sand? Fragt Karl und lacht. Auch giftiges Meerwasser? Auch Forellen? Auch Strom? Auch Kacka? Auch Erde? Auch alten vergammelten Pudding? Auch Blitze?

Ich gehe noch ein Stück mit Juliane, sie zieht ihre Fellkapuze über. Wir kommen auf achthundert Metern an sechs Kindergärten vorbei: Krickelkrakel, Gneisenzwerge, Affenzahn, Räuberspatzen, Gleimstrolche und Himpelchen & Pimpelchen.

Als Juliane und Karl vor mir über den Zebrastreifen gehen, fällt mir auf, dass ihr Bauch rundlich gewölbt ist, man fragt da ja lieber nicht nach, es könnte ja noch der Bauch *von Karl* sein oder der Bauch vom Frustfressen *wegen Karl*, aber sie merkt es sofort. Der Karl bekommt in sechs Monaten eine Schwester, sagt sie. Weil das für ihn besser ist und weil es sich dann so richtig nach Familie anfühlt. Den Kita-Platz hat sie jetzt schon und haufenweise Kleidung von Karl, die hat sie zum Glück aufgehoben, weil sie immer wusste, dass Karl nicht allein bleiben würde. Freut er sich denn schon auf seine neue Schwester, der Karl? Aber Karl weiß nicht, wieso er sollte, er kann sie nicht sehen, seine Schwester. Sie ist hier in meinem Bauch, sagt Juliane, aber Karl lacht sich nur schlapp, wie soll denn ein Mensch da reinpassen, und Juliane lacht mit. Ich merke, wie ich sie mag, das wundervolle kleine Karo ihrer Lebensplanung, und wie sie von Dingen verunsichert ist, von ablaufenden Parkscheinen, plötzlich einsetzender Glätte oder der Möglichkeit, den Termin des Laternenumzugs zu verpassen. Sie ist besorgt, damit es hinhaut.

Ich habe vor kurzem in einer Frauenzeitschrift gelesen, dass ein Kind rund eine halbe Million Euro kostet, aber ich halte diese Zahl für übertrieben. Rechnet man Essen, Kleidung, Windeln, Geschenke, Spielzeug, Krankenversicherung, Pflegeprodukte, Führerschein, Bücher, Babysitter, Nachhilfe, Busfahrkarten, Kindergarten, Klassenfahrten, Ausbildung, Möbel, dann kommt man vielleicht auf ... Vielleicht kostet so ein Kind im Laufe seines Lebens in etwa so viel wie ein Maserati. Aber wenn man mal rechnet, was man dafür bekommt, muss man feststellen, nicht mal der neueste Maserati hätte so viele so tolle Funktionen.

Karl schichtet gerade Stöcke und Äste auf seinen Gepäckträger, die er beim Anfahren wieder verliert. Er jagt und sammelt in den kleinsten und gammeligsten Parkanlagen kleinste und gammeligste Dinge. Von außen betrachtet haben seine Funde keine besondere Funktion, aber wenn man nachfragt, handelt es sich nicht um faulige Äste, sondern um elektrische Detektoren, mit denen man Diamanten im

Boden aufspüren kann, um Leuchtschwerter und Schlangen-beschwörungsflöten.

Ich habe meinen Babysitter gefunden. Genau genommen sind es zwei: Juliane und Karl, und ich denke, dass es vielleicht das beste ist, dass mein Kind seine Zeit mit einem anderen Kind verbringt, das Monstergeschichten erzählen kann.

Auf dem Weg nach Hause stelle ich mir vor, dass es meine Tochter zweimal gibt. Eine neben mir, eine hinter mir. Dass eine von beiden Karl heißt. Vielleicht gibt es sie auch dreimal und es geht noch eine vor mir und die hat noch eine Zwillingsschwester ... Wie sich das anfühlt, was das bedeutet, ob das mehr schmerzt oder weniger bei Anstrengung, ob das mehr Arme und mehr Geduld und mehr Kompromisse verlangt als bisher, wenn das Auto noch voller ist. Ich ertappe mich bei dem Gedanken, dass es okay wäre, wenn alle so wären wie meine Tochter.

Ich möchte mit jemandem reden, der zehn Kinder hat. Zehn Schwangerschaften. Zehn Sturzwehen. Zehn Kliniken. Zehnmal eins werden, zehnmal zwei, zehnmal Einschulung. Ich finde diesen Menschen. Er bestieg einst den Ring zum wichtigsten Boxkampf aller Zeiten. Er verlor gegen Muhammad Ali und ist deshalb ein Teil der Weltgeschichte. Er kam aus schwierigen Verhältnissen, lernte einfache und gute Lektionen, und ich hoffe auf einfache, gute Sätze von ihm. Er hat zehn Kinder, er steht in allen Geschichtsbüchern, und er brachte den fettreduzierten Grill unter die Menschheit.

George Foreman, Sie haben wirklich zehn Kinder?
Zehn Kinder. Sie alle haben einen Vater, der sie sehr
liebt, ja.

Die Namen Ihrer Kinder?
Die Mädchen heißen Michi, Freeda, Georgetta, Natalie
und Leola. Die Jungs heißen allesamt George Foreman.

*Unglaublich, aber wahr: Seine sechs Söhne heißen tatsäch-
lich alle George: George Jr., George III, George IV, George V
und George VI. Er unterscheidet sie anhand der Spitznamen:
»Monk«, »Big Wheel«, »Red« und »Little George«.*

Wer hat ihnen denn diese Namen gegeben?
Nur ein paar der Mädchennamen habe ich nicht ausgesucht.

*Bei so vielen Kindern stelle ich mir vor, dass Sie nicht
nur zehnmal fürchterlich glücklich waren, sondern auch
mindestens zehnmal, wenn nicht vierzigmal, Ihren
Kindern den Arsch retten mussten.*
Wenn du Kinder aufziehst, musst du sie in jungen Jahren
immer wieder retten, ja. Ich danke Gott dafür, dass sie mir
wenig Sorge bereitet haben.

*Aber mal ein anderes Thema, weil das ja auch dazuge-
hört, sind zehn Kinder zusammengenommen nicht furchtbar teuer?*
Absolut. Wenn du zehn Kinder aufziehst, kostet dich das
eine unvorstellbare Summe. Die teuerste Geschichte:

Wenn sie fertig sind mit der Highschool, weil sie dann herumreisen wollen und aufs College müssen. Aber man klammert das aus, sie haben ja nicht danach gefragt, hier unter uns zu sein, sie sind einfach da.

In welcher Altersspanne sind Ihre Kinder?
Ich habe einen 14-jährigen Sohn – und einen 40-jährigen.

Als Boxer und harter Hund: Waren Sie bei den Geburten all Ihrer Kinder direkt dabei? Haben Sie eine Nabelschnur durchschnitten?
Ich habe immer nach Kräften versucht, dabei zu sein, wenn eines meiner Kinder geboren wurde. Aber ich habe nie wirklich etwas von der Geburt mit eigenen Augen gesehen. Alles, was ich getan habe, war zu schreien: PUSH!

Was ist härter, ein Punch in die Kauleiste oder eine richtig heftige Wehe?
Ganz klare Sache, gegen das Gebären ist Boxen wahrscheinlich nichts. Wehen sind die wahren Schwergewichtskämpfe.

In Deutschland gibt es das Ritual, den sogenannten Mutterkuchen aufzubewahren, in der Erde zu vergraben und darauf einen Baum zu pflanzen. Haben Sie das auch zehnmal gemacht?
Nein! Alles, was ich behalten habe, waren die Kinder! Sonst kein Ritual.

Ich stelle mir Heavy Weight Champion, Weltstar und Supergriller George Foreman in einem Schlafzimmer neben einem quengelnden und schreienden Neugeborenen vor. Haben Sie das ausgehalten?
Ja, klar. Ich habe mit den Babys in einem Zimmer geschlafen, und wissen Sie was: Irgendwann wurde es schwierig für mich, ohne das Geräusch eines schreienden Babys einzuschlafen. Sie haben mich in den Schlaf geheult, ich war glücklich, weil ich wusste, dass sie bei mir sicher sind. Sie haben geschrien, ich habe gelächelt.

Haben Sie Windeln gewechselt?
Ich habe zu viele Windeln gewechselt.

Haben Sie Zäpfchen verabreicht?
Nein.

Weil ich da gerade mitten im Thema bin und mich dringend entscheiden muss, was war die beste Nanny, die Sie je kennen gelernt haben?
Die beste Nanny war, natürlich, meine verstorbene Mom. Warum? Weil sie die zwei wichtigsten Dinge mitgab: Disziplin und Liebe.

Haben Sie selbst nach der besten Schule für Ihre Kinder geschaut?
Ja, die meisten Schulen habe ich ausgesucht.

Ich glaube, ich kann mit voller Überzeugung sagen, dass ich als Mutter von zehn Kindern vollkommen

durchdrehen, überschnappen würde. Nach einem Nach-
mittag könnte man mich in eine Burn-Out-Klinik ein-
liefern lassen. Wahrscheinlich würde ich vor lauter
Überlastung ständig ausrasten. Ich bin ja selbst meinem
einen Kind gegenüber jetzt schon manchmal hart.
Gab es Momente, in denen Sie zu Ihren Kindern einfach
nur wütend, unfair, zornig waren?
Ja. Das hatte ich. Ich hatte Momente voller Zorn, und ich
habe Dinge gesagt, von denen ich mir gewünscht habe, ich
könnte sie rückgängig machen. Es scheint so, als hätten sie
diese Momente mittlerweile vergessen. Aber ich kann sie
nicht vergessen, sie bleiben in mir.

Haben Sie Ihre Kinder gehauen?
Wenn Sie fünf Jungs erziehen, fallen ein paar Schläge.
Aber die beste Waffe war und ist das Trauriger-Papa-
Gesicht.

Erinnern Sie sich an einen Moment, in dem Sie geweint
haben?
Ich weine in diesem Moment, jetzt gerade, wo Sie das
fragen. Ich denke an meine Tochter Natalie, die bei ihrer
Highschool-Graduation eine Rede gehalten hat. Sie
hat von ihrem Leben erzählt. Von ihren Ängsten und
von ihren Erfolgen. Sie hat so viele Dinge durchgemacht,
ohne dass ich bei ihr war. Wenn ich daran denke, weine
ich.

Sollte ich meine Tochter christlich erziehen?
Die beste Religion ist das gelebte Vorbild der Eltern.

Gibt es eine Bibelstelle, die meinem Kind irgendwann helfen könnte?
Viele. Kinder sollten so früh wie möglich Bibelunterricht bekommen. Lesen Sie Ihrem Kind Korinther vor, 1. Teil, 13. Kapitel.

Ich packe meine Sachen zusammen, morgen stehen die ersten Tage ohne meine Tochter an. Ich weiß nicht, wie sehr ich sie vermissen werde, ich habe kein Beispiel dafür. Ich werde meinem Beruf nachgehen, abends werde ich mir ein Club-Sandwich aufs Hotelzimmer bestellen.

Ich finde zwischen den VHS-Kassetten von »Alf« und »Beverly Hills 90210« eine alte Bibel. Sie hat dünne, fast durchsichtige Seiten. Auf die Offenbarung des Johannes habe ich mit Kugelschreiber eine Einkaufsliste geschrieben. Ich war 17, als ich sie in irgendeinen Karton gepackt habe, und sie ist mitgereist, dank George Foreman befreie ich sie jetzt vom Staub, setze mich ans Bett meiner Tochter und fühle mich ein bisschen wie eine von der Sonne gewärmte Südstaatenfrau an der Wiege ihrer neunten Tochter, und ich lese ihr vor, Korinther 1, Kapitel 13.

»Wenn ich mit Menschen- und mit Engelzungen redete und hätte der Liebe nicht, so wäre ich ein tönend Erz oder eine klingende Schelle.
Und wenn ich weissagen könnte und wüsste alle Geheimnisse und alle Erkenntnis und hätte allen Glauben, also dass ich Berge versetzte, und hätte der

*Liebe nicht, so wäre ich nichts. Und wenn ich alle
meine Habe den Armen gäbe und ließe meinen Leib
brennen und hätte der Liebe nicht, so wäre mir's nichts
nütze.*

*Die Liebe ist langmütig und freundlich, die Liebe eifert
nicht, die Liebe treibt nicht Mutwillen, sie blähet sich
nicht, sie stellet sich nicht ungebärdig, sie suchet nicht
das Ihre, sie lässt sich nicht erbittern, sie rechnet das
Böse nicht zu, sie freut sich nicht der Ungerechtigkeit,
sie freut sich aber der Wahrheit; sie verträgt alles, sie
glaubet alles, sie hoffet alles, sie duldet alles.*

*Die Liebe höret nimmer auf, so doch die Weissagungen
aufhören werden und die Sprachen aufhören werden
und die Erkenntnis aufhören wird. Denn unser Wissen
ist Stückwerk, und unser Weissagen ist Stückwerk.
Wenn aber kommen wird das Vollkommene, so wird
das Stückwerk aufhören.*

*Da ich ein Kind war, da redete ich wie ein Kind und
war klug wie ein Kind und hatte kindische Anschläge;
da ich aber ein Mann ward, tat ich ab, was kindisch
war. Wir sehen jetzt durch einen Spiegel in einem
dunklen Wort; dann aber von Angesicht zu Angesicht.
Jetzt erkenne ich's stückweise; dann aber werde ich
erkennen, gleichwie ich erkannt bin.*

*Nun aber bleibt Glaube, Hoffnung, Liebe, diese drei;
aber die Liebe ist die größte unter ihnen.«*

Kapitel 6

Panama

Alle paar Monate bekomme ich auf Facebook eine Einladung zum Klassentreffen.

Es ist immer dieselbe Freundin, die es organisiert. Es kommen auch immer die gleichen sechs Leute hin. Sie kochen dann zusammen, essen Waffeln, gucken sich gegenseitig an, trinken Bowle, schwelgen in alten Zeiten, lesen sich aus ihren Poesiealben vor, erinnern sich an Sticker und Liebespärchen, fragen sich, wer vielleicht im Knast gelandet ist und wer im Spitzensteuersatz, wie eine Gruppe alter Veteranen, die sich aus dem Krieg erzählt. Und irgendwie war Schule ja auch Krieg.

Bisher habe ich immer auf »nehme vielleicht teil« geklickt. Ich habe Angst, dass sich alles zu sehr verändert hat, als Korrektiv auf meine Erinnerung zugreift und sie auslöscht wie bei einer dieser Zaubertafeln, und dann habe ich statt rotwangiger Fünftklässler beim Gummitwist ganz viele halbfette Allgemeinärzte mit hellblauem Haifischkragenhemd im Kopf.

Aber diesmal findet die Veranstaltung im Garten von Jan statt. Jan wurde früher gemobbt, weil er nervöse Tics hatte. Er musste zum Schulpsychologen, man munkelte, er sei sogar schon mal eine Woche in der Klapse gewesen. Jan trug immer Gummistiefel und aß Brötchen, aus denen rechts und links flüssiger Camembert quoll. Er hatte als erster Junge einen Flaum auf der Oberlippe. Die Meinungsführer in unserer Klasse gründeten einen Anti-Jan-Club und verteilten Flyer, die sie selbst mit WordArt an ihren ersten Computern designt hatten: EIN CLUB FÜR JEDERMANN – NUR NICHT FÜR JAN. Jan bekam aggressive Anfälle, während derer er mit Stühlen warf. Einmal verfolgte er einen Jungen mit einer Gabel, um ihn abzustechen. Oft kam er wochenlang nicht zur Schule, dann hinkte er im Stoff hinterher und schrieb schlechte Noten. An manchen Tagen saß er in der hintersten Ecke der Klasse, kippelte im Halbschlaf mit dem Stuhl und legte sich dabei regelmäßig auf die Klappe; in der Klasse herrschte eine frenetische Stimmung wie bei einer Goebbels-Rede.

Am Anfang machte ich noch mit, war wie jeder in der Klasse irgendwie automatisch und ungefragt Mitglied im Anti-Jan-Club. Der Club war für unsere Klasse in etwa das, was 2010 das Soho House für Berlin war. Aber genauso wie das Soho House mich langweilt, wurde mir die Hatz gegen Jan irgendwann zu eintönig, und ich fand es spannender, mich auf seine Seite zu schlagen.

Ich ging mit Jan von der Bushaltestelle bis zur Schule, ich traf mich mit Jan vor dem Kiosk, ich lieh Jan meine Hausaufgaben zum Abschreiben, ich schenkte ihm Stifte, wenn er seine vergessen, verloren oder nach anderen Leuten geworfen hatte. Nur in der Klasse neben ihm zu sitzen ging nicht, das wäre zu krass gewesen. Außerdem schwitzte er mir während des Unterrichts zu stark.

Manchmal flatterten Jans Lider, einfach so, wie Schmetterlingsflügel. Manchmal bekam er einen Schluckauf. Einmal steckte er sich auf dem Schulweg einen Finger in den Hals und erbrach sich. Ich sah, wie er kleine Tabletten aus einem Schuber knipste und geübt herunterwürgte.

Einmal mussten wir beide nachsitzen, weil wir gekippelt hatten, und gingen danach von der Schule zusammen nach Hause. Ich wollte wissen, in was für einer Welt Jan lebt, ich hatte weder seine Mutter noch seinen Vater jemals mit eigenen Augen gesehen. Man erzählte sich nur, der Vater verließe nie das Haus, er sei Alkoholiker, die Mutter sei in einer Sekte, im Haus gäbe es keinen Fernseher, Jan müsse mit seiner Mutter in einem Bett schlafen, sie verabreichte ihm Lebertran, man schlüge ihn, er müsse den ganzen Tag im Haushalt arbeiten, die Wäsche seiner Eltern waschen und für sie kochen.

Ich fragte Jan, ob wir noch zu ihm gehen könnten, und seine Lider zuckten nervös. Er lief einfach weiter, und weil er nicht nein gesagt hatte, folgte ich ihm.

Jan hatte einen eigenen Haustürschlüssel, drinnen roch es nach Lebkuchen, obwohl September war. Eine große Flügeltür führte ins Wohnzimmer, in dem ein Weihnachtsbaum stand. Eine Anlage spielte laut »Stille Nacht, heilige Nacht«. In einem Ohrensessel saß eine Frau mit Dutt und las die Bhagavad Gita, ein hinduistisches Glaubensbuch.

»Hi«, sagte Jan. Seine Mutter stand auf, musterte mich überrascht, gab mir freundlich die Hand und fragte, ob wir Kakao wollten. Während sie die Milch heiß machte, lief ich durchs Wohnzimmer, überall lag Weihnachtsschmuck, und alle Tische, Schränkchen, Kommoden standen voll mit Bilderrahmen, und in allen Bilderrahmen war derselbe Mann zu sehen.

»Er ist vor neun Monaten gestorben«, sagte Jan, es war einer der ersten Sätze, die er heute Nachmittag zu mir sagte. »Hier, das ist das Baumhaus, das er mir gebaut hat«, erklärte Jan, »und dieses Boot haben wir zusammen gebastelt.« Wir gingen an den Bildern vorbei wie durch ein Museum. Als wir in seinem Zimmer saßen, bildete ich mir ein, dass eine Träne von meinem Auge in den Kakao fiel.

Jans Zimmer war voll mit selbstgemalten Bildern. Es handelte sich um Figuren aus den Büchern von Janosch, die in einem Stapel auf seinem Bett lagen. Offenbar las Jan Tag und Nacht Janosch. Viele der Bücher sahen sehr durchgelesen aus. In manche hatte er Zettel geklebt.

»Das ist die beste Geschichte«, sagte Jan. »Die Geschichte von der Grille und dem Maulwurf. Die finde ich cool.« Er las sie mir vor, seine Augen zuckten ein bisschen dabei. Die Grille, eine ziemlich abgehärmte Gestalt, hatte den lieben langen Sommer gefiedelt und dabei vergessen, sich einen Essensvorrat und eine Höhle für den Winter zuzulegen. Jetzt brach die Kälte ein, und die Grille suchte einen Schlafplatz und etwas zu essen. Sie ging zum Hirschkäfer, aber der Hirschkäfer verjagte sie. Also ging sie zur Maus. Aber die Maus tadelte sie und schickte sie weg. Sie kam zum Maulwurf, der blind war und glücklich. Der Maulwurf nahm sie auf, er kochte für sie, und sie fiedelte für ihn, und er fand, dass es nichts Schöneres gab.

Ich konnte nicht mehr. Ich verabschiedete mich von Jan, rannte raus, zog mir halb die Schuhe an und heulte furchtbar auf dem Weg nach Hause. Wahrscheinlich habe ich da zum ersten Mal in dritter Person über Kindheit nachgedacht: meine Kindheit, seine Kindheit, was ist eine glückliche Kindheit. Jans Kindheit schien einem Spießrutenlauf zu gleichen. Das war ungerecht, an seiner Stelle hätte ich mich zehnmal auf dem Schulklo erhängt. Aber aus irgendeinem Grund war aus Jan trotzdem der spannendste Mensch meiner Klasse geworden. Musste man in seiner Kindheit Scheiße durchleben, damit man interessant wird? Musste man ein alleinerzogenes Kind sein, das mit elf Jahren Verantwortung übernimmt, um zu verstehen, wie die Gesellschaft tickt? Ist eine behütete Kindheit vielleicht einfach nur moderner Schmonz? Welche Generation vor mir hatte eigentlich eine behütete Kindheit? Wie viele meiner Helden kamen aus »behüteten« Familien? Und wie viele hatten sich aus einem wie auch immer gearteten Dreck hochgekämpft?

Und was heißt das für mich? Soll ich die Kindheit meiner Tochter deshalb nicht behüten? Warum kommen die scheußlichsten Arschlochkinder aus den hellsten Vorstadtvillen?

Weil Jan eingeladen hat, fahre ich zum Klassentreffen. Meine Tochter sitzt im Beifahrersitz und wir hören Rap. Mittlerweile hat sie im Raphören Perfektion entwickelt. Einzelne Wortenden spricht sie mit, sie nickt im Takt. Wenn wir im Auto sitzen und sie Rap hören will, sagt sie »Mu«. Damit meint sie ihren Lieblingssong: »Move, Bitch« von Ludacris. Sobald der Beat einsetzt, beginnen ihre Augen zu funkeln. Ihr musikalisches Gedächtnis umfasst zwei Lieder: »Nur nach Hause« von Frank Zander, das hat mein Mann verbrochen, der sie schon frühkindlich zum Hertha-Fan erziehen will, und »Move, Bitch« von ihrem Lieblingssender Kiss FM. Wenn einer der beiden Songs läuft, flippt sie völlig aus. Sobald »Nur nach Hause« vorbei ist, ruft sie »Mu«, und wenn »Mu« vorbei ist, ruft sie »Hausi«.

Also hören wir Ludacris mit »Move, Bitch« und fahren durch die Straße, in der ich laufen gelernt habe. Ich suche das Stromkästchen, auf das ich *I Will Always Love You* geschrieben habe. Mir fallen Nachmittage ein: Hüpfekästchen, kaputter Walkman, der hässliche Jagdhund der Nachbarn mit dem Stummelschwanz, bei dem man immer auf das Arschloch gucken musste, Gummistiefel, verlorener Schulranzen im Gebüsch, bekiffte Jugendliche auf dem Mofa, vor denen ich Todesangst hatte, Steine, die die Kinder unserer Gegend auf ein Nachbarhaus warfen, weil da eine Hexe wohnte. Skateboards, Rampen, Bandkaugummi, Brausekerne.

Die Hexe war eine verwirrte Frau, die sich weigerte, ihr Haus zu verlassen. Die Rollläden waren Tag und Nacht runtergelassen, ab und zu, da waren wir uns sicher, hörte man von drinnen ein Zischeln und ein Heulen. Dann machte sie Hexengebräu, giftige Drinks, die sie als süßen Punsch an Kinder wie uns verkaufte, stellten wir uns vor, damit wir wie die Käfer auf unserem Rücken verendeten.

Vor ihrer Tür stand ein Gehstock, den wir ihr hundert Mal klauten und hundert Mal zurückbrachten. Sie war immer schlecht gelaunt. Trug einen schwarzen Mantel, der in alle Richtungen wehte. Ihr Bartwuchs war beachtlich. Wie eine echte Hexe hatte sie mehrere Warzen und einen scheußlichen Blick. Wir spielten »Klingelmännchen«, drückten zitternd ihren Türklingelknopf, auf dem kein Name stand (klar), lauschten kurz, und wenn es im Haus rumorte, rannten wir mit klopfendem Herzen zum nächsten Baum und versteckten uns dahinter. Die Hexe fuhr auch mit dem Bus. Sie musste kein Ticket kaufen, man kannte sie, ließ sie durch den Gang staksen. Atemlos saßen wir in den hinteren Reihen, weil sie oft grundlos mit ihrem Stock nach einem der Kinder schlug.

Einmal hatten meine Freundin Klara und ich uns in den Garten der Hexe gewagt, um dort ihre giftigen Kräuter zu suchen. Wir waren uns sicher, dass der Boden mit Fallen übersät sein musste. Klara (sieben wie ich) hielt am Zaun Wache und wartete, ob sich etwas im Haus der Hexe tat, ich schlich mich in den Garten. Die Hexe hatte Gemüsebeete angelegt, zog Kartoffeln, Möhren, Kohlrabi, es gab Johannisbeerhecken und Stachelbeeren. Vor jedem Schritt überprüfte ich den Boden nach Fallen. Schließlich sah ich die Hexe. In einer Hängematte zwischen zwei Kirschbäumen lag sie und schlief. Ihre Nasenlöcher wölbten sich beim Atmen, feine Härchen bewegten sich im Luftstrom der Hexennüstern. Ihr Mund stand offen, ihre Zähne waren abgewetzt, wahrscheinlich vom Essen von Kinderknochen. Ich füllte meine Hosentaschen mit Johannisbeeren und Mirabellen, und die Hexe schlief ruhig in ihrer Hängematte. Langsam wurde ich mutiger, ging auf Zehenspitzen ein Stück an sie heran. Ich nahm eine Mirabelle zwischen Zeigefinger und Daumen, beugte mich vorsichtig vor, bis ich den Geruch der Hexe wahrnehmen konnte (sie roch nach gegartem Mittagessen und Erde und Dingen, die in einer anderen Welt wachsen). Vorsichtig, im zitternden Affekt steckte ich ihr die Mirabelle in den Mund. Dann rannte ich um mein Leben.

Ich habe den Stromkasten gefunden. Mittlerweile haben noch viele andere draufgekritzelt. Handynummern und E-Mail-Adressen. *Kevin wo bist du, ACAB, Ausländer raus, Nazis raus, David Guetta, hi! Ich lutsche dich aus.* Ich war hier und kaum erkennbar, ausgeblichen, mit geschwungener Schrift und Herzchen als I-Punkt: *I will always love you.*

Ich weiß nicht mehr, wem ich das geschrieben habe, aber ich weiß noch, dass es geregnet hat an dem Tag. Ich weiß noch, dass meine Welt ausgeleuchtet war von einem einzigen Jungen und dass es mich glücklich machte, mit einem Edding durch die Straße zu laufen. Ich liebte ihn nicht wie in einer Beziehung, sondern wie eine Schwester ihren Bruder. Jeder, der am Stromkasten vorbeikäme, würde verstehen, was ich meinte. Während Whitney Houston immer mehr Drogen nahm, immer dicker und kränker wurde, starb die Hexe, zogen wir um, wurde meine Welt komplizierter. Später habe ich mich richtig in Männer und für mein Leben gern unglücklich verliebt. Es wurde ein Hobby von mir. Ich konnte mich an einem traurigen Gedanken festhalten. Wie an den Zetteln in den Büchern von Jan.

Die Straßen sehen eigentlich aus wie früher, nur sind sie *noch* sauberer geworden. Die Blumenhandlung ist weg, die Bäckereien sind weg, das kleine Kino ist weg, es gibt eine Spielbank, einen Geldautomaten, viele neue Handy-Stores, ein großes REWE Center. Ganz oberflächlich und falsch und unempirisch schließt man als Heimkehrer: Es ist alles REWE geworden.

Ist es richtig, dass ich herkomme? Was soll ich hier? Muss ich hier stattfinden? Oder reiche ich als Whitney-Houston-Hookline auf dem Stromkasten?

Als ich an Jans Haus ankomme, sehe ich ihn dort stehen. Ich will gerade schon meine Tochter abschnallen, als er einen Schritt auf uns zukommt. Er ist sehr groß, trägt eine randlose Brille, neben ihm steht eine Frau mit hennarotem

Haar und Business-Kostüm. Im Garten qualmt ein Grill, Jan schüttelt den ankommenden Leuten die Hände. Er sieht aus wie Leute, die auf XING ihr Netzwerk erweitern wollen.

Ich kehre um. Fahre die Straße runter, auf die Autobahn. Ich will nicht mit Jan reden. Unsere Geschichte ist fertig, meine Kindheit ist vorbei. Vielleicht ist es die eine Geschichte, die ich meiner Tochter weitergeben sollte: Vielleicht sollte ich ein bisschen was von der Hexe und von Jan mitgeben in ihre Kindheit; irgendwie dafür sorgen, dass Dinge traurig und schön zugleich sein können.

Auf der Rückfahrt denke ich an die Grille und den Maulwurf. An den Quasselkasper von Wasserburg, den Zorn gegenüber den Mächten, den Gewalten, den Institutionen. An mein tägliches Weihnachten, wenn in den Strohhütten von Panama, wie es in Janoschs Geschichte heißt, Kartöffelchen mit Buttermilch gekocht werden.

Irgendwo in den Bergen von Teneriffa sitzt der selbsternannte »Autist« Janosch. Er hat getrunken, bis er fast starb, er hat sein Vermögen verloren, er möchte eigentlich nur noch reisen und in einer Hängematte liegen. Es ist undenkbar, ihn zu besuchen oder mit ihm zu telefonieren.

Deshalb schreiben wir uns. Er versteht nicht alles, was ich ihn frage, ich verstehe nicht jede seiner Antworten, auch das soll so sein.

Ich stelle mir vor, dass er auf einem Hügel in Teneriffa, nachts oder bei anbrechendem Tag mit einer großen Pfeife im Mund Antworten schreibt und malt, während draußen im Wald die Halunken streichen und die beiden Waldfrösche Hinzi und Kunzi wortlos durch die Ecke eines Bildes laufen.

Herr Janosch, wann endet die Kindheit?
Die Psychiatrie sagt: Wessen Kindheit nicht in Ordnung
war, weil man sie z. B. nicht ausleben durfte, z. B. durch
eine religiöse Bedrohung oder religiöse Verwirrung daran
gehindert wurde – oder durch unfähige Eltern – na ja!, der
muss sie nachholen. Sonst geht er als Mensch psychisch
zugrunde. Manche Kindheit findet gar nicht statt. Oder
wessen Kindheit meinen Sie? Meine hat erst vor fünf
Jahren angefangen und Ihre?

*Meine ist zu Ende, aber ich habe den Eindruck, ich kann
sie quasi noch besichtigen. Können Sie Ihrer Kindheit
einen Ort geben?*
Der Kindheit? Dort, wo sie stattfindet, ist der Ort.

Gibt es ein Tier, das für Ihre Kindheit steht?
Mein Lieblingstier ist heute ein Vogel. Und die Katze.
Und der Löwe. Auch der Adler. Hunde.

Eine Pflanze?
Ist heute die Schnittbohne. Morgen – das ergibt sich.

Ein Spiel?
Heute: das Leben.

Wonach schmeckt Ihre Kindheit?
Nach Sauerkraut mit Kartoffeln. Gab es jeden Tag. Sauer-
teigbrot. Buk meine Großmutter.
Nach Machorkarauch (mein Großvater rauchte immer
Machorka).

Und riecht nach Hühnerscheiße. Die Leute im Haus hatten Hühner.
Und stinkt nach Fusel. Mein Vater war immer besoffen.

Wie sieht die Landschaft Ihrer Kindheit aus?
Dreckig, dreckig, graue Häuser. Kohlenhalden. Im Winter dreckiger Schnee (vom Kohlenstaub).

Gab es dort Gespenster?
Ja. Der Teufel war überall. Und der Wassergeist Utoplec auch.

Wilde Hunde?
Ja. Mein Großvater Karel war ein wilder Hund.

Halunken?
60 % der Menschheit sind Halunken.

Hatten Sie oft Angst?
Ohne Ende. Am meisten vor Gott und dem Teufel und den Nazis und den Lehrern (die hatten freie Entfaltung im Prügeln).

Haben Sie als Kind mit Monstern zu tun gehabt?
Ja. Meine Mutter war ein Monster, aber sie hatte keine Schuld.

Haben Sie schon als Kind angefangen, Macht nicht zu mögen?
Ja.

Was spricht dagegen, dass ich mein Kind christlich erziehe?

Die christliche Lehre ist voller Grausamkeit. Von einem Gott, der seinen Sohn tötet. Von einem Sohn, der die Welt nicht erlöst hat. Und vor allem: was jetzt nach und nach in der katholischen Kirche aufgedeckt wird. Das ist nur eine winzige Spitze des Eisberges. Dass die Welt nicht erlöst wurde, können Sie sehen. Zwar erlöste er sie nach Aussage der Kirche von den Sünden – jedoch: Lesen Sie das zwei Mal: Er erlöste NICHT von den Strafen für diese Sünden. Ich habe eine jesuitische Erziehung und kann Ihnen das erklären.

Wie war das, als Sie als Kind den Teufel gesehen haben?

Katastrophe! Ich habe geschwitzt, bin unter die Zudecke gekrochen, bekam keine Luft mehr. Das baute sich dann nach und nach auf als ständige Atemnot.

Soll man nach Reichtum streben? (Sie waren mal ziemlich reich ...)

Wenn es Mühe oder Arbeit macht: Nein. Wenn man dadurch ein Schwein wird, z. B. ausbeutet, stiehlt und Ähnliches: Nein. Wenn man ohne Mühe reich wird so wie ich: unbedingt ja. Reich ist man erst, wenn das Geld nicht in die Seele einzieht. »Arm im Geiste« – Reich werden ist ja nur ein Spiel.

Sind Grimms Märchen gefährlich?

Für manche ja, für manche nicht, sie machen damit ein prima Geschäft. Ist Religion gefährlich? Für die meisten ja.

*Haben Sie jetzt, im Erwachsenenalter, manchmal einfach
so Angst?*
Nicht mehr. Nur vor Staaten, der Justiz und vor dem Tod
und vor zu großen Schmerzen und vor Frauen.
Eventuell noch vor Löwen, Läusen.

Wovor sollte ich mein Kind schützen?
Vor jeglicher Religion. Vor jeder Ideologie (sofern Sie
diese geprüft und begriffen haben). Vor Welterklärungen,
die versuchen Kinder einzuvernehmen: Scientologen.

Haben Sie sich aufgelehnt?
Damals nicht. Man holt sich die Kinder schon sehr früh.
In der katholischen Kirche gibt es eine interne Anweisung:
(nach außen nicht bekannt) »holt euch die Kinder bevor sie
sieben sind«. Lassen Sie sich das von einem Psychiater erklären, mir wäre so ein Gespräch zu lang. Was vor dem
siebten Jahr mit Gewalt und unter Drohungen in ein Kind
gehämmert wird, ist nicht mehr zu löschen. Es gibt in der
Psychiatrie ein Sonderstudium für dieses Thema.

Warum sind Sie aus Deutschland abgehauen?
Mir war es zu kalt.

Wie sähe Ihr perfektes Land aus?
So wie Teneriffa.
(Das perfekte Land muss man in der Seele haben.)

Ein Platz auf Teneriffa, den ich meinem Kind zeigen soll?
La Gomera.

Wäre der Hase Baldrian als Bundeskanzler geeignet?
Politisch bin ich nicht so zuverlässig in meiner Meinung.

Wäre der glückliche Maulwurf als Innenminister geeignet, um ein für alle Mal das Thema Asylpolitik zu klären?
Er ist die Rettung für Leute wie die Grille, die den lieben langen Sommer gefiedelt hat, oder den Quasselkasper, der nach langjähriger Haft nirgendwo mehr unterkommt.
Nicht geeignet.

Welche Ihrer Geschichten sollte ich meinem Kind als Erstes vorlesen?
Ich bin aus meinen Geschichten und Urheberrechten raus. Mein Verlag verkaufte meine Rechte, ohne mich zu informieren, gesamt an einen »Geschäftsmann«. Ich habe seit 13 Jahren nichts mehr damit zu tun.

Gegen welche ideologischen Erziehungsmuster haben Sie »O wie schön ist Panama« geschrieben?
Gegen keines. Ich war beim Schreiben ein wenig besoffen.

Bekommen Sie viel Fanpost von Kindern?
Können Sie sich an einen besonderen Brief erinnern?
Ja, ein dreijähriges Mädchen hat mir aus Stoff einen Hasen genäht. Den habe ich seit 35 Jahren immer in meiner Wohnung.

Wie geht es den beiden Waldfröschen Hinzi und Kunzi?
Sie gingen nach Bielszowice zum Tanzen, sind noch nicht
zurück.

Sie haben mal gesagt, Sie können Ihren Lebenslauf
als die schrecklichste und als die schönste Geschichte
der Welt erzählen. Machen Sie das mal? Als die
schrecklichste?
Das Leben in meiner Familie. Der Vater immer besoffen
usw.

Und jetzt als die schönste?
Seit 33 Jahren. Hier.

Glauben Sie, dass es irgendwo auf der Welt etwas gibt,
das an Panama heranreicht?
Ja. Immer dort, wo ich bin.

Kapitel 7

Babysitting

Ich bin die Sowjetunion, wenn es um meinen Kalender geht. Ich klammere mich an die Sicherheit von Terminen, hasse Unpünktlichkeit, konnte noch nie mit plötzlichen Änderungen umgehen. Jungs, die mit mir Schluss gemacht haben, habe ich auf die Fresse gehauen. Bussen, die zu früh kamen, bin ich hinterhergerannt. Ich bin gut im Planen, aber ich rege mich furchtbar auf, wenn die Welt an mir vorbeiarbeitet wie heute, am Tag der Katastrophe: Juliane ist krank.

Die ersten drei Male, an denen sie auf meine Tochter aufgepasst hat, waren großartig. Ich konnte einen Moderationsjob erledigen, meinen Handyvertrag wechseln, Kuscheltiere waschen, Rechnungen überweisen, meine Umsatzsteuervoranmeldung beim Finanzamt abgeben.

Als Juliane meine Tochter zurückbrachte, hatte sie Laub und Schlamm im Haar und lachte. Sie hatten Hängebauchschweine gefüttert und Kakao getrunken, und Karl schenkte mir einen Korb voll dreckiger Kastanien und Steine, die er auf dem Weg gesammelt hatte.

Aber jetzt hat Juliane angerufen und gesagt, sie habe eine Blasenentzündung. Ihr Mann ist in Warschau. Mein Mann ist in Köln. Der Opa kann nicht mehr Zug fahren.

Ich hätte heute eigentlich einen Regisseur treffen müssen, aber ich habe keinen Babysitter und Karl hat eine kranke Mutter. Also verschiebe ich den Termin, packe meine Tochter, Fläschchen, Windeln, Windeltütchen, Feuchttücher, Spucktücher, Wickelunterlagen, Ersatzbodys, Ersatzhosen, Schnuller und die Stoffente ein und fahre los, um Karl vom Kindergarten abzuholen.

Eine Dreiviertelstunde später bin ich da, begrüße Karl, der zwischen seinen Freunden sitzt und mit einem unsichtbaren Hubschrauber Aliens angreift. Er tut jetzt so, als würde er mich nicht kennen. In Gesellschaft seiner Mutter hat er noch halbe Laubwälder für mich mitgebracht. Jetzt guckt er mich mit dem Arsch nicht an.

Wir müssen mich erst mal registrieren, als Abholer verifizieren. Die Erzieherin, bestimmt Mitte 60 und sehr gutmütig und langsam, trägt meinen Namen in die Liste der Abholer ein. Dann muss sie noch mal bei der Juliane durchklingeln, damit gesichert ist, dass das alles seinen geordneten Gang geht. Ich könnte ja eine Entführerin sein, verstehe ich schon.

Eine Stunde später habe ich den Vierjährigen aus seiner Kampfgruppe gelöst. Wir öffnen das Törchen, das die glücklichen Kinder von den Waisenkindern trennt, die bis halb sieben hier rumdaddeln, während ihre Eltern auf dem ersten Arbeitsmarkt sind.

Es könnte jetzt alles ganz einfach gehen, bis hierhin sind wir gut durchgekommen. Karl will sich selbst seine Jacke anziehen, falsch rum zwar, aber er scheint glücklich damit zu sein. Den Reißverschluss darf ich ihm nicht zumachen, das macht Mama auch nicht so. Ob er sich denn noch mal das

Gesicht waschen will, frage ich, weil er offenbar mit dem ganzen Gesicht die sogenannte Vesper eingenommen hat, aber da weigert er sich, das mache Mama nie so. Vor allem aber haben wir ein Bekleidungsproblem: Karl weiß nicht mehr, welches seine Schuhe sind.

Wir gehen die Gummistiefel in der Garderobe durch, nein, die auf keinen Fall, niemals die Haifisch-Gummistiefel, auf seinen Gummistiefeln ist eine Biene Maja. Er fängt jämmerlich an zu weinen, wo sind meine Schuhe, und ich will meine Mama, und mein Papa soll auch kommen, und ich denke: Sehe ich genauso wie du. Ich knie im Staub und die neu eintreffenden Eltern gucken mich fremdenfeindlich an, weil sie mich hier noch nie gesehen haben und ich die Schuhe ihrer Kinder inspiziere, Pärchen für Pärchen. Unglaublich, was sich in Kinderschuhen befindet: Sand, Erde, Murmeln, in einem sogar Geldmünzen.

Er ist nicht mein Sohn, will ich erklären, denn nichts wäre peinlicher, als die Schuhe des eigenen Sohns nicht zu kennen.

Ich überlege, ob ich Karl jetzt auf den Schoß nehmen soll. Macht man das mit vierjährigen Jungs? Was, wenn er sich wehrt und alles noch viel schlimmer ist, weil ich nicht der Schoß seiner Mutter bin?

Ich merke, wie meine Konzepte scheitern: Ich kann perfekt Wiegenlieder singen, Fläschchen zubereiten, dieses Dideldum mit Lätzchen eben. Aber ich kann nicht mit einem Vierjährigen reden.

Was sind Verhandlungsgegenstände, was Codeworte? Eis? Interessiert ihn nicht. Was dann? Spielplatz? Kaugummi? Fernseher? Computer? Zigarette?

Wir sind jetzt alle Schuhe durchgegangen. Mittlerweile wurde der halbe Kindergarten an uns vorbei abgeholt. Fast stumm sind sich die Eltern begegnet, empathisch haben sie ihre Kinder aus den Spieltürmen gerissen und sie mit gelatinefreien Gummibärchen abgefüllt. Manche Kinder haben geheult, die meisten waren extrem müde, manche hingen wie verendende wirbellose Tiere in den Armen ihrer Mütter – Kindergarten, ich erinnere mich an Marvin und seine vielen Geschwister, auf die ich in meiner Jugend aufpassen musste, und die tiefe Sinnkrise, in die er mich gestürzt hatte. Ein maximal Dreijähriger mit Klettschuhen und Sommersprossen steht neben mir und erklärt seiner Mutter, dass er heute auf keinen Fall zum Klavierunterricht gehen kann, weil er Muskelkater vom Aikido hat.

Ich frage mich: Ab wann schickt man sein Kind hierher? Wann ist es mündig, um in diesem Klötzchenturm-Babel zurechtzukommen? Gibt es schon welche, die gemobbt werden? Sollte man sein Kind wirklich schon so früh in diesen Vernichtungskrieg schicken? Hat Eva Herman recht? Oder hat sie einfach nur im Kindergarten auf die Fresse bekommen?

Stimmt schon, ein paar der Kinder in den Gängen tragen quasi noch die Fruchtblase mit sich rum, manche können gerade so krabbeln und sabbern hilfesuchend an dem Törchen, das den Abholbereich vom Spielbereich trennt. Die können noch nicht mal so weit gucken, um mich von ihrer Mama zu unterscheiden. Die sind quasi noch Zygoten.

Andere sehen aus, als würden sie in die vierte Klasse gehen, und laufen über die Säuglinge drüber wie über Teppiche. Zwei Jungs unterhalten sich darüber, wie sie am Mor-

gen mit dem Fallschirm durch die Wolken geflogen sind und
Aliens mit Laserkanonen beschossen haben; aber die Aliens
konnten zaubern und haben aus den Laserkanonenstrahlen
Wackelpudding gemacht; aber der Wackelpudding war ver-
giftet; aber das Gift hat aus den Aliens Riesenhaie gemacht,
die alles aufgefressen haben. Es wimmelt nur so von bruta-
len Sprachbildern, von bedrohlichem Viehzeugs, und es wird
vor allem gefressen und zerrissen und geblutet und gejagt.

»Bist du ein Dieb?«, fragt mich ein Junge.

»Nein, ich suche nur die Schuhe vom Karl.«

»Sie ist ein Dieb!«, schreit er, und hinter ihm versam-
meln sich mehrere Drei- bis Sechsjährige und stimmen ein:
Dieb! Dieb! Dieb!

Ein Mädchen kommt an das Tor und gibt Contra.

»Sie ist kein Dieb! Sie ist ein Mensch!« Hinter ihr ver-
sammeln sich ein paar Unterstützer.

Mensch! Mensch! Mensch!

»Dieb!«, schreien die einen, »Mensch!« die anderen, bis
eine Erzieherin dazwischengeht und erklärt, dass Diebe auch
Menschen sind, nur eben Menschen, die etwas Böses getan
haben und dafür auch bestraft werden, mit Geldstrafen oder
Freiheitsstrafen, also Gefängnis.

Und dann fliegen sie mit dem Fallschirm aus dem Gefängnis, und in der Luft verwandeln sie sich in Hubschrauber; und in die Hubschrauber steigen Leute ein, weil sie
nicht wissen, dass es ein Dieb ist! Ja! Und der Hubschrauber
ist aus Schokolade, und dann fliegt er zur Sonne und zer-
fließt zu Kakao; und ein Monsterhai trinkt den Kakao! Ja,
und dann rülpst er, und sein Rülpser ist so stark, dass das
ganze Wasser aus dem Meer fliegt …

Karl findet seine Schuhe immer noch nicht. Ich suche nach Hinweisen. An der Wand hängt ein wichtiger Zettel:

1. Elterndienst
2. Renovierungsmaßnahmen
3. Spaßiges

Unter »Elterndienst« steht, wer wann Marmorkuchen mitbringt.

Unter »Renovierungsmaßnahmen« diskutieren die Eltern über Cyanblau als Wandfarbe.

»Spaßiges« ist bisher frei.

In einem ausgehängten Protokoll ist außerdem zu lesen, dass es im Trägerverein zu Differenzen bezüglich des Caterings kam und dass die Kampfkandidatur um den Posten des Kassenwarts von der Mutter von Simeon gegen die Mutter von Rabea mit 11:9 Stimmen entschieden ist.

Der Mensch wird lächerlich, wenn er nach Macht strebt. In jedem Job, in jeder Partei, in jeder Boyband, in jedem Kleintierzüchterverein. Die Alphatiere unter den Kindern rennen mit einem nassforschen Selbstbewusstsein herum, als hätten sie gerade ihren Bachelor gemacht und Instagram erfunden. Kluge Mädchen lesen professoral aus »Kleiner Bär, großer Bär« vor. Keiner hört ihnen zu. Lisa Simpson bleibt die unbeliebteste Figur der Comicwelt. Weit nach Butters aus South Park. Nur merkt sie es nicht.

Ich denke irgendwann, mein Gehörgang und meine Geduld wurden jetzt genug strapaziert. Ich sage »Scheiße jetzt!«, und ich glaube, die Kinder haben es gehört. Sogar meine schlafende Tochter hat es gehört und öffnet kurz ihre Augen. Ich greife mir Karl, ich ziehe ihm irgendwelche Schuhe

an, die ihm passen. Es ist mir scheißegal, dass ein anderes
Kind jetzt auf Socken nach Hause gehen muss. Früher mussten die Kinder auch barfuß aus dem vierzig Kilometer ent-
fernten Brunnen dreckiges Wasser in die Peststadt schleppen
oder so ähnlich. Ich wische Karl das Gesicht mit einem Taschentuch ab. Ich packe ihn, schleppe ihn und meine Tochter zu meinem Auto, fahre los wie ein Vollproll und drehe
das Radio laut auf. Karl protestiert gar nicht. Er sitzt da in
seinen geklauten Schuhen, guckt aus dem Fenster und malt
mit den Fingern ein Alien auf die beschlagenen Fenster.

Am Abend bringe ich ihn zu Juliane. Sie wundert sich über
die Schuhe und darüber, wie freundlich er sie begrüßt. Ich
sage: Es war wunderschön mit ihm. Überhaupt keine Probleme.

Wir haben gemeinsam einen Schatz gesucht, waren im
Süßigkeitenladen an der Post. Als er pinkeln musste, haben wir uns ein Versteck hinter einem Baum gesucht. Er
hat Angst, dass Aliens die Welt angreifen, ich habe ihm erklärt, dass die Luftabwehr sie kriegen würde, aber er sagte,
die Aliens seien so klein, dass sie sogar durch ein Nudel-
sieb durchflutschen würden. Wir haben das Pettersson-und-
Findus-Magazin mit den Plastikleuchtkrallen gekauft, sind
über den Friedhof gelaufen, haben mit den Plastikleuchtkrallen alte Leute erschreckt und haben sie dann beim Eisessen
verloren. Wir haben viel Zucker in uns reingestopft und ich
habe ihm versprochen, dass wir mal zusammen Urlaub machen, da wo die Palmen sind, wo man Kokosnüsse von den
Bäumen klauen kann und wo kein Alien hinkommt. Wir haben uns vorgestellt, dass mein Auto ein Schiff ist, ein Kran-
kenwagen, ein Panzer und wir sind am Polizeirevier vorbei-

gefahren und haben geguckt, ob wir einen Verbrecher sehen. Er hat mir erklärt, dass er Vegetarier ist, weil die Tiere leben sollen, und ich habe ihn angelogen, weil ich Bock hatte auf eine Currywurst, und behauptet, die bestehe zu hundert Prozent aus Curry. Ich habe Curry gegoogelt, weil Karl wissen wollte, woher Curry kommt, und ich habe herausgefunden, dass Curry aus Koriander, Kreuzkümmel, schwarzem Pfeffer, Bockshornklee, Ingwerpulver, Knoblauchpulver, Asafoetida, Fenchel, Zimt, Nelken, grünem Kardamom, schwarzem Kardamom, Senfkörnern, Muskatnuss, Muskatblüte, Paprikapulver und Salz besteht. Mein Verlauf auf dem iPhone-Browser ist eine Ansammlung von Grundsatzfragen. Der Boden meines Autos sieht aus wie der eines Urwalds. Wir haben ein Foto gemacht, auf dem Karl so tut, als würde er ein Straßenschild essen. Wir haben einen Typen namens Dr. Brummbach erfunden, der nachts durch die Straßen läuft und mit weißer Kreide die Mittelstreifen nachmalt. Er hat mich gefragt, ob man mit einem Ballon einmal um die Welt reisen kann, und wir haben uns ein Foto vom silbernen Ballon von Steve Fossett angesehen.

Als ich nach Hause komme mit meiner Tochter, freue ich mich wie bekloppt. Ich freue mich auf den Tag, an dem sie anfängt zu sprechen, zu erfinden, Widerreden zu geben, zu maulen, zu artikulieren.

Ich freue mich darauf, dass ich das alles, was ich heute erlebt habe, mit meinem Kind erleben kann.

In meiner Euphorie darüber, wie gut ich mich mit Karl verstanden habe, meinem neuen Kumpel, wie voll der Nachmittag war, wie viel wir gesammelt und gefragt haben, wie viel wir herumgeirrt sind und verloren haben, wie wach und cool wir waren, während wir mit unseren leuchtenden Krallen über den Friedhof gelaufen sind, wird es mir zum Rätsel, wie es überhaupt anders laufen kann.

Ich bin überzeugt, dass meine kurze Ungeduld beim Abgang aus dem Kindergarten, meine fast gewalttätige Entschlossenheit das einzige und einzig wahre Rezept ist. Der Mini-Arschtritt, auf den ein paradiesischer Nachmittag folgte. Der kurze Moment, in dem Karl gelernt hat, dass er mich respektieren muss wie unter Ninja mit Ehrenkodex. Ich bin so größenwahnsinnig, dass mir schleierhaft wird, wie all die Eltern an ihren Vierjährigen verzweifeln. Das ganze Gofeminin.de-Ding, die ganzen verkorksten, übergriffigen Monster, die aus Unsicherheit herangezüchtet werden. Das ganze Herumverhandeln. Zuschütten mit Argumentation. Größenwahnsinnig, wie ich bin, glaube ich für einen Moment, dass ich jetzt genau weiß, wie das mit der Erziehung geht …

Ich bespreche mich dann aber doch noch mit einer richtigen Erziehungsexpertin.

Liebe Katia Saalfrank, sollte ich lieber intuitiv oder nach einem ausgeklügelten Erziehungsplan erziehen?
Das ist das Problem. Viele Eltern denken, dass sie ihr Kind »aktiv« erziehen müssen. Dabei braucht es das nicht und können wir das nach meiner Erfahrung schlicht sein lassen. Beziehung statt Erziehung! Kinder brauchen vor allem eine konstruktive, offene und ehrliche Beziehung. In der herkömmlichen Erziehung versuchen wir immer,

Kinder in eine bestimmte Richtung zu ziehen, zu schieben und zu drücken und es mit bestimmten »Tipps« und »Tricks« zum Gehorsam zu bringen – mit Intuition hat das wenig zu tun. Dieses aktive Erziehen kostet oft viel Kraft und endet oft in Machtkämpfen zwischen Eltern und Kindern. Die Beziehung zwischen Eltern und Kindern wird so unnötig belastet und beide bleiben häufig unglücklich zurück. Ein Beispiel: Eine Mutter möchte, dass ihre vierjährige Tochter ihr Zimmer aufräumt. Das Kind beginnt zunächst mit Aufräumen, wird dann aber abgelenkt und spielt. Die Mutter kommt dazu und ist sauer, weil sie sich nicht ernstgenommen fühlt. Als Konsequenz fällt die gemeinsame Fernsehzeit weg. Das Kind weint und ist frustriert, die Mutter ist ärgerlich. Den Machtkampf gewinnt hier die Mutter, allerdings ist der Preis hoch: Denn zum einen sind beide nicht glücklich und zum anderen gelingt diese Form, mit Kindern umzugehen, nur bis zur Pubertät, dann geht es nicht mehr und es eskaliert. In einer Beziehung zu einem Erwachsenen würden wir in einen Dialog gehen, sagen: Ich möchte es gerne klären, und nicht: Also, Freundchen, wieder nicht aufgeräumt, dann fällt heute die Sportschau aber aus! Gut ist es also, wenn wir von Beginn an dialogfähig sind, eine wertschätzende Haltung einnehmen und auch auf die Bedürfnisse unserer Kinder eingehen können.

Sollte man sich als Eltern als Chef verstehen? Oder als Kumpel? Oder als was?
Weder »Chef« noch »Kumpel«. Wir haben keine berufliche Beziehung zu unseren Kindern und auch keine Freund-

schaft. Wir haben elterliche Verantwortung. Aber es ist in der Tat eine Frage der Führung. In der herkömmlichen Erziehung setzen Eltern auf autoritäre Lenkung. In der Beziehung, von der ich spreche, entwickeln Eltern eine persönliche Autorität. Diese entsteht aus der Person heraus, so dass Kinder dann nicht Respekt vor der Person in der entsprechenden Rolle, sondern vor dem Menschen selbst empfinden. Es entsteht eine Präsenz des Erwachsenen, die nicht qua Elternrolle geachtet, gefürchtet und anerkannt wird, sondern durch das Sichtbarwerden unserer eigenen Haltungen und Einstellungen gewonnen und vom Gegenüber wertgeschätzt wird. Ein gutes Beispiel ist hier die Rolle des Lehrers: Wenn wir überlegen, welche Lehrer fanden wir gut? Das waren doch immer Lehrer, die sich auch persönlich mit ihren Haltungen gezeigt haben, die Interesse an uns hatten und Begeisterung vermittelt haben – andere, die wir nicht mochten, waren die, die wenig Verständnis für uns hatten, die, die uns vielleicht an der Tafel vorgeführt haben. Vor denen hatten wir Angst und gleichzeitig Respekt – aber nicht, weil wir sie mochten, sondern weil sie in der Rolle des Lehrers waren.

Sollte man jede Entscheidung erklären oder einfach entscheiden?
Ich empfinde es als wertschätzend, wenn man transparent in seinen Entscheidungen ist und auch erklärt, warum man es so oder so macht. Wenn Kinder das Gefühl haben, dass eine Entscheidung willkürlich ist, dann werden wir unglaubwürdig. Das Problem ist häufig eher, dass wir Eltern an vielen Stellen zu viel erklären und auch überhöhte

Erwartungen an die Kinder haben. Auf die Frage: »Warum krieg ich jetzt kein Eis?« kann man ewige Erklärungen geben und Begründungen suchen, es könnte aber auch der Satz: »Weil ich es nicht möchte« ausreichend sein. Oft wollen wir Eltern, dass die Kinder auf eine Erklärung dann mit Verständnis reagieren. Aber ein Kind wird nie sagen: Ach ja, das verstehe ich, dass das mit dem Eis jetzt keine gute Idee ist. Vielen Dank, liebe Mama, dass du mich darauf hingewiesen hast, dass es gleich noch Abendbrot gibt. Wenn wir ehrlich sind, ist es aber genau das, was es uns leichter machen würde und wir unbewusst erwarten.

Würde es was bringen, wenn man mal für einen Tag mit dem Kind komplett die Rollen tauscht?
Es würde sehr sichtbar werden, dass Kinder nicht die gleiche Verantwortung wie wir Erwachsenen tragen können und an vielen Stellen mit der Rolle eines Erwachsenen total überfordert wären. Deshalb ist es ja auch so wichtig, dass wir Eltern wissen, dass wir die Verantwortung tragen. Kinder sind aus meiner Sicht nicht gleichberechtigt – genau deshalb, weil sie nicht die gleiche Verantwortung wie wir Erwachsenen tragen können. Sie sind aber als gleichwertige kleine Menschen mit ihren Bedürfnissen, Rückmeldungen und Reaktionen ernst zu nehmen.

Wie kann ich verhindern, dass mein Kind später mal lügt?
Wahrscheinlich gar nicht! Aber es geht auch nicht darum, etwas »zu verhindern«, sondern mit den Themen, die uns beim Aufwachsen von Kindern begegnen, konstruktiv

umzugehen. Das Beste, was du jetzt dafür tun kannst, ist, dass du eine offene, vertrauensvolle, liebevolle und authentische Beziehung zu deinem Kind eingehst. Vertrauen ist ein Schlüssel zu allem. Kinder, die nicht die Wahrheit sagen (können), haben oft das Gefühl, dass ihre Eltern diese nicht aushalten können, sie wollen ihre Eltern schützen. Also ist es gut, wenn Kinder spüren: Ich kann immer zu meinen Eltern kommen. Das ist eine Herausforderung für uns Eltern.

Begegnest du manchmal Kindern, die du als Super-Nanny kennen gelernt hast, und hast du noch Kontakt zu Familien, die du in dieser Funktion besucht hast?
Ja, ich habe noch Kontakt zu einigen Familien und manchmal sehen wir uns auch. Im Moment bin ich viel unterwegs und da ergibt sich das eine oder andere Treffen. Auch die Kinder sind dann manchmal dabei und natürlich groß geworden.

Bei Rach, dem Restauranttester, sind mehr als die Hälfte der von ihm besuchten Restaurants jetzt wieder zu haben. Wie sieht es mit deiner Erfolgsquote aus?
Ich werde das oft gefragt und ich frage mich dann: Was ist denn »Erfolg« in einer Beziehungsarbeit? Eine Beziehung ist nicht so messbar wie z.B. die Wirtschaftlichkeit eines Unternehmens. Familien entwickeln sich in Wellenbewegungen, mal läuft es gut, mal ist es schwieriger – das gehört mit zu einer Beziehung. Das kennen alle Eltern. Was ich aber sagen kann, ist, dass sich in allen Familien viel bewegt hat. Alle haben gute Beziehungserfahrungen

mit ihren Kindern gemacht. Manche sind den angestoßenen Weg dann weitergegangen, wieder andere haben sich entschieden, es anders zu machen. Wichtig ist ja, dass es nicht »mein« Erfolg ist. Die Eltern sind für sich und ihre Familie selbst verantwortlich. Ich kann nur sagen, was aus meiner Sicht passiert, wenn sie dieses oder jenes tun – aber den Schritt zur Veränderung müssen die Menschen dann selbst vollziehen.

Darf ich mein Kind bestrafen? Gibt es die perfekte Strafe?
Natürlich darfst du dein Kind bestrafen. Du musst dir dann nur im Klaren darüber sein, dass es nicht konstruktiv für eure Beziehung sein wird. Strafen oder auch Konsequenzen, wie wir es heute oft nennen, zeigen oft kurzfristig Erfolg – deshalb ist es so verführerisch, sie einzusetzen. Letztlich jedoch sind sie das Tor zum Machtkampf zwischen Groß und Klein und verschärfen negative Haltungen oder Einstellungen. Strafen dienen nicht der Sache an sich. Die Beziehung zwischen Eltern und Kindern wird belastet, in manchen Fällen sogar nachhaltig beschädigt. Strafen helfen auch langfristig nicht der Verbesserung und Veränderung des »störenden Verhaltens«, im Gegenteil. Es beginnt ein Machtkampf, den wir nur bis zur Pubertät gewinnen können.

Warum hat man überall den Eindruck, dass die Kinder ihre Eltern so triezen?
Ich kenne kein Kind, was seine Eltern triezt! Ich habe eher das Gefühl, dass die Gesellschaft sehr hohe Erwartungen an Eltern hat. Sie werden heute beständig mit Untergangs-

szenarien konfrontiert, die durch vermeintlich logische, tatsächlich aber haarsträubende Kausalketten hergeleitet werden. Von einem Kind, das sich protestierend auf den Boden wirft, weil es nicht einsehen will, dass seine Mutter ihm den Mund abwischt, ist es – glaubt man diesen Experten – nicht weit bis zu einem jugendlichen Arbeitslosen, der nicht fähig ist, eine Ausbildung einzugehen und zu beenden. Nicht selten landen dann verunsicherte Eltern bei Kinderärzten, Psychiatern und Psychologen; die Kinder müssen sich Tests unterziehen, man stellt ihnen Diagnosen, sie werden therapiert und häufig medikamentiert. Ihre Symptome werden behandelt. Sie werden als auffällige, schwierige Kinder eingeordnet, ausschließlich mit ihren Defiziten gesehen, aber nicht mit ihren Nöten verstanden. Hier entsteht Druck bei den Eltern und den geben sie oft an ihre Kinder weiter. Kinder müssen etwas erfüllen, was sie gar nicht können.

Ist es nicht seltsam, dass laut einer Studie des Robert-Koch-Instituts mittlerweile jedes fünfte Kind in Deutschland als verhaltensauffällig gilt? Wieso stutzen wir nicht, wenn wir hören, dass die Zahl der ADHS-Diagnosen seit den 90er Jahren um 400 Prozent gestiegen ist? Was ist passiert, dass wir unseren Kindern ein Dopingmittel geben, um sie an unser System anzupassen? So gesehen habe ich eher das Gefühl, dass die Kinder hier von uns Erwachsenen getriezt werden.

Kapitel 8

Lichtjahre

Über den Teppichboden im Hotel kommt ab und zu ein abendlicher Besucher geschlurft. Man hört die Armaturen rauschen. Wenn man die Zimmerkarte in den Schlitz steckt, geht das Licht an und der Fernseher und klassische Musik, und wenn man aus dem Fenster sieht, erkennt man die weißen Lichter einer Gruppe Rentner auf Segways, die von einer Rundfahrt nach Hause kommen.

Alles ist abgedunkelt, gedimmt, leiser geworden, die Stunden dehnen sich ohne pragmatische Aufgaben. Die Revolution in der Türkei endet ohne Ergebnis, ich lese es im Videotext, esse langsam eine Salzstange. Anleitung zum Alleinsein.

Ich weiß gar nicht, was ich gerade anhabe, es ist bequem und ich war seit ein paar Stunden nicht mehr unter Menschen. So lange ich mit den Vorräten aus der Minibar auskomme, bleibe ich allein. Mein Organismus, meine Gedanken, die Minibar und ich. Ich genieße jede Sekunde.

Ich bestelle beim Roomservice. Ein saftiges Steak mit Speckböhnchen, sautierten Strauchtomaten und Rosmarin-Kartoffeln. Das ist meine Chance, endlich mal wieder ein Stück Fleisch zu bekommen, das nicht nach uralter Schuhsohle schmeckt. Ich kann leider überhaupt nicht kochen.

Wenn ich ein Steak brate, kann man es danach in die Mülltonne schmeißen, da es unerträglich schmeckt. Früher waren mein Mann und ich oft im Steakhouse, aber mit unserer Tochter sind Restaurantbesuche ein Albtraum. Es ist unmöglich, mit ihr essen zu gehen: Sie kann nicht still sitzen, sie haut mit der Pfeffermühle auf den Tisch, bis die gesamte Aufmerksamkeit des Lokals auf uns ruht. Dann reißt sie sich los, durchpflügt das Restaurant und macht erst wieder halt, wenn sie etwas Nahrhaftes gefunden hat. Sie klaut fremden Menschen das Essen vom Tisch, flüchtet mit ihrer Beute und verteidigt ihr Diebesgut mit Händen und Füßen und Schreien. So lange, bis die freundlichen Leute am Nachbartisch sagen: »Sie darf es gern behalten. Wir kaufen uns ein neues Steak.« Nun also endlich mal wieder ein saftiges Stück Fleisch ohne Geschrei.

Das Schönste am Hotelleben sind die Verkäufertypen, die frühmorgens im Regen stehen und sich Gedanken machen über ihre Verkaufsquoten und in den Regen reinrauchen. Und die Ehepaare, die sich etwas gönnen, sich Aperol reinknallen und Crème brulée und die Kultur vor Ort und die im Aufzug freundlich grüßen.

Hier bin ich Single. Kinderlos. Hotelbewohner. Roomservice, Fernsehen beim Einschlafen, Bier aus der Minibar. Mein rechter Bizeps ist dicker als der linke vom Babytragen, das ist alles, was mir aus meinem alten Leben geblieben ist.

Ich habe zum ersten Mal das *Zeit*-Magazin von vorne bis hinten durchgelesen. Ich habe einen Tag Drehpause und bin beim Sudoku-Rätsel angekommen.

Ich wurde 1981 geboren. Die 80er habe ich im Grunde gar nicht mitbekommen. Mein Bewusstsein beginnt mit Chupa

Chups, LL Cool J und der Ablösung von Frank Elstner durch Wolfgang Lippert. Meine Zeit als Jugendliche war geprägt von piependen DSL-Modems, Pagern, Britney Spears. Vielleicht endete sie mit dem 11. September. Vielleicht endete sie mit der ersten Staffel von »Deutschland sucht den Superstar«. Vielleicht endete sie mit meiner Tochter.

Ich betrachte auf Facebook das Leben meiner alten Schulfreunde. Stephan hat früher *Focus* gelesen und *Financial Times*, und wenn man seine Fotos durchklickt, sieht man ihn mit einer braunen Blockflöte an Weihnachten. Später mit einem Palästinensertuch und einem LL-Cool-J-Shirt auf dem Tempelberg in Jerusalem.

Die Zeit, in der ich mich orientiert habe, in der ich mir eine politische Meinung gebildet habe, wurde als unpolitische Zeit gewertet. Und irgendwie war das auch okay. Der Nahostkonflikt war nicht zu lösen. Der Klimawandel war beschlossen. Es war gut, die Dialoge aus *Mars Attacks* auswendig zu kennen. Es war gut, dass man auf Plateauschuhen gewackelt ist, dass die Loveparade erst durch Berlin ging und dann durch die abgehängten Nordrhein-Westfälischen Städte. Es war keine göttliche Strafe, dass die Leute in einem Tunnel in Duisburg starben. Wenn es Gott gäbe, hätte er sich über die 90er freuen müssen, weil sie sich freigeschüttelt haben vom ideologischen Überbau ihrer Vorgängergenerationen.

Mit 21 sind Stephan die Haare ausgegangen, er hat in Würzburg ein Start-up-Unternehmen gegründet, er trägt V-Neck-Shirts. Dann eine Schildkröte. Strandfotos. Stephan vor einer Backsteinmauer mit Martiniglas. Irgendwann beginnen die Typen in der Timeline Schlipse zu tragen.

Auf dem letzten Bild sieht man ihn mit einem sehr dicken Baby. 71 Likes.

Stephans Freundin Rina arbeitet im ambulanten Pflegedienst. Ihr Profilfoto ist eine grobkörnige Aufnahme aus einer Lokalzeitung. Auf einem zweiten Bild sieht man sie neben Mineralwasserflaschen stehen, im Vordergrund des Bildes eine Flasche AS-Sonnenöl von Schlecker.

Patrick hat sich in einer Straßenszene in Istanbul fotografiert. Eine Menschenmasse guckt in eine Richtung, das Foto ist mit Instagram bearbeitet. Es ist ein Wimmelbild, die Farben sind satt. Das nächste Foto zeigt Schiffskutter, es ist am Halic-Strand aufgenommen, kurz vor Sonnenuntergang, die Minarette glänzen im Hintergrund, ein Boot hat blaue Fässer geladen, ein Starbucks und ein Supermarkt, in dem eine Achterbahn steht. Er schreibt: »Vielleicht bräuchten wir Deutschen mehr Achterbahnen in unseren Shopping Malls.« Dann gefaltete Origami-Kunstwerke, Partys. »Visited London, next Stopp Istanbul.«

Es ist gut, dass wir Rap gehört haben und für 35 Euro mit Ryanair in die Türkei geflogen sind. Es ist gut, dass Eva Herman uns nicht erreichte.

Wenn wir erkältet sind, googeln wir nach entzündeten Zäpfchen. Wenn wir miteinander schlafen wollen, verhüten wir. Wenn wir eine gute Bar in Osnabrück suchen, finden wir eine gute Bar.

Ich habe keine Ahnung, was meine Tochter für eine Generation abbekommen wird. Ich gönne ihr nur, dass sie wie ich mehrere Ziele haben darf:

In einem Glasturm auf Dubai, mit so viel Asche, dass sie ihr zu den Ohren rauskommt, YAHOO! aufkaufen. Oder als emeritierte Professorin für indigene Sprachen an der Universität Tübingen, mit einer Sieben-Zimmer-Wohnung, Perlenschmuck, der ihr ab und zu zwischen die abgezogenen Dielen fällt, mit gutem Rotwein, mit klugen Gedanken über den indigenen Sprachraum.

Ich denke das alles, weil ich meiner Tochter eine gute Generation wünsche. Ich wünsche ihr, dass sie die Chance hat, sich zu entscheiden. Wahrscheinlich war ich eine der ersten, die sich entscheiden durfte.

Ich merke, dass ich wahnsinnig pathetisch werde. Aber die angenehme Sehnsucht, die ich habe, während ich über den Minibar-Nüssen sitze und an das Geräusch denke, das meine Tochter beim Kauen ihrer Stoffente macht, umschließt alles, was ich bis heute falsch gemacht habe, erledigt Grundsatzfragen, die ich nie werde klären können. Und weil mir das Geräusch und alles andere immer mehr fehlen, interviewe ich meinen Mann Christian.

Was glaubst du, ist der größte Unterschied zwischen der Art, wie wir aufgewachsen sind, und den Umständen, unter denen unsere Tochter aufwächst?
Die Eltern unserer Tochter halten ihre Gesichter in Fernsehkameras und werden auf der Straße erkannt. Das blieb uns erspart.

Woher nimmst du deine Überzeugungen, wie Eltern zu sein haben? Wie ein Vater zu sein hat?
Ich bin nicht überzeugt. Irgendwas werde ich schon falsch

machen. Spätestens dann muss ich eine Überzeugung wegwerfen. Ich war zum Beispiel sicher, es würde unserer Tochter helfen, nachts wieder einzuschlafen, wenn sie, sobald sie wach wird und rumnörgelt, was zu trinken bekommt. Hat ja immer funktioniert, sie war umgehend zufrieden. Aber: Fehler. Denn jetzt kann sie mit fast anderthalb Jahren ohne Fläschchen überhaupt nicht mehr schlafen. Also: vom nächtlichen Trinken wieder entwöhnen. Drum: Nichts aus Prinzip machen.

Ich glaube, ältere Kinder spüren sofort, wenn Eltern ausschließlich versuchen, ihrer Vorstellung davon gerecht zu werden, wie Eltern zu sein haben, anstatt sich immer wieder neu einzulassen und zu gucken, was im Moment Sinn macht und passt.

Ganz ehrlich, Hand aufs Herz, wünschst du dir manchmal das klassische Rollenbild herbei?
Selbstverständlich.

Wann hast du zuletzt den ganzen Kinderkram verflucht?
Wirklich noch nie.

Was war besser vor den Kindern?
Ich habe mehr gelesen und geschlafen.

Wie geht es der Ente?
Sie ward nicht mehr gesehen.

Ich bin seit drei Tagen weg: Funktioniert das Leben ohne Mutter?

Es ist ein Traum: Wir schlafen aus, frühstücken ausgedehnt, lachen viel, gehen schwimmen, spielen Playstation, machen Nickerchen dann und wann, bleiben abends auf, solange wir wollen, hören sehr, sehr laut Musik, essen Chips und Pizza im Bett.

Dank

Mein Dank gilt allen, die mit ihrer Zeit, ihren Erfahrungen und ihrem Wissen zu diesem Buch beigetragen haben. Ich danke meinen Gesprächspartnern George Foreman, Janosch, Christian Ulmen, Katia Saalfrank, Sonja Eismann, Dr. Tanja Rinker, Anne Markwardt, Ulla Rhan und Eva Herman.

Außerdem danke ich Hans Christian Biedermann, Johanna Brücker und Johannes Boss für ihre tatkräftige Unterstützung, ohne die dieses Buch nicht möglich gewesen wäre. Ich danke dem Kösel-Verlag für die angenehme Zusammenarbeit und ein ganz besonderes Dankeschön geht an A. Ulmen für die Inspiration zu diesem Projekt.